BRASIL 82

O TIME QUE PERDEU A COPA
E CONQUISTOU O MUNDO

© Paulo Roberto Falcão, 2012

Capa:
Gonza Rodrigues

Ilustrações:
Gonza Rodrigues

Diagramação:
Nathalia Real

Supervisão editorial:
Paulo Flávio Ledur

Editoração eletrônica:
Ledur Serviços Editoriais Ltda.

Reservados todos os direitos de publicação à
LEDUR SERVIÇOS EDITORIAIS LTDA.
editoraage@editoraage.com.br
Rua São Manoel, 1787 – Bairro Rio Branco
90620-110 – Porto Alegre, RS, Brasil
Fone/Fax: (51) 3061-9385 – (51) 3223-9385
vendas@editoraage.com.br
www.editoraage.com.br

Impresso no Brasil / Printed in Brazil

PARECIAM MARCIANOS
SEMBRAVANO MARZIANI

Paolo Rossi

Jamais teria imaginado que Itália x Brasil 82 entraria para a história do futebol como um dos jogos do século. Uma partida memorável, jogada de igual para igual e de forma aberta por ambos os lados.

A partida contra o Brasil marcou a minha vida desportiva de forma indelével. Naquele dia eu me sentia forte como um leão e leve como uma gazela; três gols, uma prova soberba. O meu primeiro gol foi o mais importante de toda a minha carreira. Eu o recordo como o mais retumbante de minha vida. Finalmente havia vencido um bloqueio; experimentei uma sensação libertadora; estavam se abrindo as portas do paraíso. Então, retomei meu gesto habitual, de estufar as redes, e aquele gol me deu uma confiança desmesurada.

Mai e poi mai avrei immaginato che Italia-Brasile 82 sarebbe entrata di diritto nella storia del calcio come una delle partite del secolo. Una gara memorabile giocata ad armi pari e viso aperto da entrambi i contendenti.

La partita con il Brasile ha segnato la mia vita sportiva in modo indelebile, quel giorno mi sentivo forte come un leone e leggero come una gazzella, tre gol, una prova maiuscola, superlativa. Il mio primo gol è stato il più importante di tutta la mia carriera. Lo ricordo come il più roboante della mia vita. Finalmente mi ero sbloccato; provai una sensazione liberatoria; si stavano aprendo le porte del paradiso. Avevo così ripreso la mia consueta abitudine di segnare reti e quel gol mi infuse una fiducia smisurata.

Durante a partida nunca pensei no resultado; tentei apenas manter alta a concentração no jogo; eu sentia os pensamentos positivos, o físico respondia bem e eu via os meus companheiros com garra e com muita personalidade.

Sabíamos estar diante de um dos melhores times de todos os tempos; eu os havia visto disputando as partidas anteriores e eles me pareciam marcianos; jogavam de memória; podiam jogar com os olhos vendados de tão perfeito o entendimento entre eles. Jogadores extraordinários e talentosos, como Zico, Falcão, Sócrates, Júnior, Cerezo, Éder...

Nenhuma equipe do mundo, porém, é invencível, e naquele dia eles encontraram a seleção italiana particularmente inspirada. Nada nem ninguém pararia os 11 mosqueteiros *azzurri*.

Certamente a Itália puniu a presunção e a arrogância do Brasil. Nós fomos mais efetivos e cínicos. Após o apito final, que recompensava a Itália e eliminava definitivamente o Brasil, minha cabeça explodiu; fiquei aturdido como por um feitiço, inebriado de alegria.

Durante la gara non pensai mai al risultato; cercai solo di mantenere alta la concentrazione sulla partita; avvertivo sensazioni positive, il fisico rispondeva bene e poi guardavo i miei compagni, così grintosi e con tanta personalità.

Sapevamo di avere di fronte una delle squadre più forti di tutti tempi, gli avevo visti giocare nelle precedenti partite e mi erano sembrati dei marziani, giocavano a memoria, avrebbero potuto giocare bendati tanto era perfetta l'intesa tra loro. Giocatori straordinari e particolarmente dotati come Zico, Falcao, Socrates, Junior, Cerezo, Eder...

Nessuna squadra al mondo però è invincibile e quel giorno trovarono la nazionale italiana particolarmente ispirata, niente e nessuno avrebbe fermato gli undici moschettieri azzurri.

Sicuramente l'Italia ha punito la presunzione e la spavalderia del Brasile. Noi fummo più concreti e cinici. Al fischio finale che premiava l'Italia ed eliminava definitivamente il Brasile, la testa mi scoppiò, ero come stordito da un incantesimo, inebriato dalla gioia. C'erava-

Nós tínhamos conquistado a muito custo a semifinal contra a Polônia.

Com o sangue quente, não imaginávamos que aquele Itália-Brasil entraria para a lenda do futebol universal. E eu era o protagonista, o personagem principal, mas isso eu só entendi mais tarde.

mo conquistati con sudore la semifinale contro la Polonia.

A sangue caldo non immaginavo che quell'Italia-Brasile sarebbe entrata nella leggenda del calcio universale. Io ne ero il protagonista principale, ma lo capii solo più tardi. (Paolo "Pablito" Rossi)

SUMÁRIO

I — Nem sempre ganha o melhor 11
II — Diário da Copa 29
III — Por que perdemos? 53
  (Depoimento dos jogadores que participaram da
  partida contra a Itália)
IV — Comandantes 87
V — Revanche sem revanchismo 99
  (Detalhes da despedida de Júnior do Pescara, no amistoso
  entre a Itália campeã e o Brasil de 82)
VI — Força coletiva 103
VII — Uma Seleção de amigos 107
VIII — A imagem da perplexidade 115
IX — Minha resposta 117

Histórias que a bola não contou

O corte de Careca 28
O jornal de Juninho 50
Um brasileiro vitorioso 84
A pior noite de Telê 90
A maçã envenenada 97
O homem de três pulmões 101
Apito no pescoço 106
O telegrama do general 114

I – NEM SEMPRE GANHA O MELHOR

Saída de jogo

Se você nasceu no século passado e gosta de futebol, certamente já ouviu falar em nós.

Se você nasceu neste século e acompanha esporte, também deve ter visto reportagens e teipes da nossa equipe.

Se você não liga muito para este jogo em que 22 marmanjos passam uma hora e meia correndo atrás de uma bola, brigam por ela e depois saem de campo sem levá-la, talvez seja bom ler este livro para entender como um time de futebol perdeu a competição mais importante do mundo sem perder o encanto e sem deixar de ser amado por milhões de pessoas.

Na verdade, a Seleção Brasileira de 1982 só não ganhou a taça oferecida pela Fifa: ganhou o aplauso do torcedor, ganhou a admiração de apoiadores e adversários, ganhou o reconhecimento da crítica e, o mais importante, ganhou um lugar de honra na história do esporte mais popular do planeta.

Durante 30 anos ouvi elogios para o que fizemos na Espanha, conjugados com manifestações de solidariedade e com uma pergunta insistente: por que perdemos?

Este livro, baseado numa vida inteira de dedicação ao futebol e no depoimento dos participantes daquela epopeia, tenta respondê-la.

Querida leitora. Amigo leitor.

Entre comigo em campo e jogue aquela final conosco.

Preleção

Este livro tem muitos porquês. Um deles é: por que resolvi escrever um livro sobre a Seleção de 82 três décadas depois de sua participação na Copa do Mundo da Espanha?

O pontapé inicial foi uma provocação feita por minha mulher, Cristina, durante o jantar em que celebrava com um amigo jornalista o sucesso regional do livro *O Time que Nunca Perdeu*, que escrevi sobre o título de campeão brasileiro invicto do Internacional em 1979. Ela olhou para mim e para o amigo que fez a revisão daquele primeiro trabalho e disse:

– Já que vocês escreveram sobre o time que nunca perdeu, por que não escrevem sobre aquele que perdeu, mas ninguém esqueceu?

O comentário acordou um antigo projeto que eu tinha, de deixar um registro pessoal sobre aquela experiência tão marcante. Aí veio a Espanha de 2010, veio o Barcelona multicampeão e vieram as comparações com o nosso time. O próprio Guardiola, então técnico do Barça, comparou sua equipe com a nossa.

Com a passagem dos 30 anos da copa espanhola, foram publicadas várias reportagens sobre a nossa seleção. Então, concluí que era chegada a hora. E que esse registro tinha que ser feito por alguém que viveu aquilo, que esteve dentro de campo, nos vestiários, nas concentrações. Muitos já escreveram sobre o que viram. Eu decidi escrever sobre o que vivi, juntamente com meus companheiros de seleção. E tive o cuidado de ouvir cada um dos que entraram em campo comigo para o jogo final contra a Itália. Trinta anos depois, eles estão respondendo a pergunta que não calou durante um só dia desse período: *por que perdemos?*

Recuo

Antes da resposta coletiva, porém, permito-me fazer uma reflexão. Aquela não ficou marcada como uma geração perdedora. Todos os integrantes da Seleção de 82 foram vencedores nos seus clubes. E nosso time ainda hoje é citado como exemplo de futebol bonito e objetivo. O sonho de muitos treinadores é ver suas equipes jogando como nós jogamos.

O próprio Guardiola, então técnico do grande Barcelona de Messi, Xavi e Iniesta, disse que sua equipe tinha semelhança com a Seleção Brasileira de 82. Chego a pensar que nosso time era mais objetivo do que o Barcelona, pois não demorávamos tanto tempo para buscar o gol. Eram dois toques, no máximo, por cada jogador, e logo vinha uma ultrapassagem, e logo alguém estava concluindo.

Às vezes me pergunto se realmente perdemos.

O jornalista Juca Kfouri me disse certa vez: "Vocês não perderam, vocês ganharam. Não trouxeram o caneco, mas deixaram um conceito de futebol para o mundo."

É verdade. Naqueles cinco jogos do Mundial, fizemos tantas jogadas bonitas e tantos gols espetaculares que ninguém mais conseguiu esquecer. Nenhuma outra seleção que foi eliminada de uma Copa é lembrada como aquela. E mesmo as vencedoras, talvez com exceção da Seleção Brasileira de 70, mereceram tantas homenagens e tantos elogios.

Antes da derrota para a Itália, tivemos vitórias verdadeiramente marcantes. No jogo contra a Argentina, atingimos quase a perfeição. E estávamos enfrentando o campeão mundial, reforçado de Maradona.

Dois toques

Como alcançamos tal rendimento? A qualidade individual era o diferencial, mas a serviço do coletivo. Dificilmente se via alguém dando mais de dois toques na bola. Os jogadores entenderam que a melhor maneira de usufruir da própria qualidade técnica era jogar coletivamente. Isso foi alcançado nos treinos, nos jogos e com a visão de que ninguém deveria segurar a bola. Todos compreenderam: era um grupo de gente esclarecida. Não tinha ignorante naquela seleção.

Não participei das eliminatórias e dos amistosos pré-Copa em 82, pois a Roma não me liberava. Cheguei no dia 3 de maio, pouco mais de um mês antes do Mundial. Nesse mês de treinamento, Telê começou a desenhar o time. Entrei no lugar de Cerezo, que estava suspenso para o primeiro jogo. Ao retirar Paulo Isidoro e escalar Dirceu na direita, Telê começou a montar o quadrado. No segundo jogo, quase sem treino, ele formou o meio-campo, colocando aqueles que considerava melhores. Não foi um time tão treinado, mas funcionou.

E não era só ofensivo, como algumas pessoas alegaram para justificar a eliminação. Diziam que aquela seleção não marcava. Os números mostram o contrário. A *Revista Placar* fez um levantamento do jogo contra a Itália e mostrou que roubamos a bola 32 vezes, contra 28 dos italianos.

O que tínhamos de diferencial, taticamente, era o toque de primeira. Telê insistia muito nisso. E fazia coletivo todo dia. Os jornais davam notas para os jogadores nos treinos; era um desgaste emocional grande. Mas isso criou no time uma capacidade de entendimento muito grande. A gente se conhecia demais.

Oito anos depois do Mundial da Espanha, quando fizemos um amistoso na Itália (do qual vou falar mais adiante), consegui repetir com Zico uma jogada que fazíamos na Seleção. Até brinquei depois:

– É como andar de bicicleta. Depois que a gente aprende, não esquece mais.

Favoritismo

Se o time era tão talentoso assim, se os jogadores se entendiam por pensamento, se desenvolveram tanto sentido coletivo, por que perdemos para a Itália? Não vou responder esta pergunta agora. Nem vou respondê-la sozinho. Logo adiante, todos os companheiros que estiveram em campo comigo vão dar a sua resposta, depois de 30 anos de reflexão.

Por ora, quero lembrar alguns antecedentes daquele jogo que podem ser importantes para o leitor deduzir o que realmente aconteceu.

A Itália vinha mal. Saíra de um quarto lugar na Eurocopa, disputada em casa, e passara recentemente por um escândalo de manipulação de resultados que deixara vários jogadores suspensos, entre os quais o próprio Paolo Rossi. Classificou-se para a segunda fase da Copa com três sofríveis empates (Polônia, Camarões e Peru), mas venceu a Argentina por 2 a 1 antes de encarar o Brasil.

Além disso, a imprensa italiana estava brigada com os jogadores. Muitos jornalistas torceram para nós. Um jornal sensacionalista chegou a inventar um caso homossexual entre Rossi e Cabrini, o que fez o grupo parar de dar entrevistas. Por tudo isso, e pelos retrospectos, o Brasil era considerado favoritíssimo.

Quando terminou a preleção, Telê Santana dirigiu-se a mim e disse:
— Você, que joga lá, quer dizer alguma coisa?

Eu falei. E ousei dar até mesmo uma sugestão de ordem tática, que não foi levada em conta. Talvez até pudesse ter feito a diferença para nós, mas agora não adianta ficar fazendo suposições desse tipo. É mais ou menos como fazem alguns analistas do futebol, que, para justificar um fracasso, apelam para o pensamento mágico e valorizam excessivamente algum jogador que não pôde jogar.

No capítulo seguinte, relato, como a memória me permite, as minhas observações no vestiário antes de entrarmos em campo para o fatídico confronto com a Itália, que acabou com o sonho brasileiro de chegar ao tetracampeonato na Copa da Espanha.

Posicionamento

A gente sabia que o Gentile ia marcar o Galo (Zico). Então, sugeri que Zico levasse o marcador para cima do Cabrini, que era um lateral esquerdo muito técnico e com grande capacidade de apoio. Assim, ele prenderia dois jogadores da Itália e evitaria que o Cabrini avançasse. Mas a orientação inicial, de que Zico ficasse mais próximo do Scirea, foi mantida.

Cabrini acabou sendo decisivo no primeiro gol. Ele avançou pela esquerda, cruzou na área, e Rossi completou de cabeça. Mas também podia ter acontecido isso se Zico tivesse seguido a minha recomendação. Nunca se sabe.

Quanto à marcação homem a homem de Gentile, Zico fez o que sugeri. Eu lembrei de um Gre-Nal em que fui marcado por um jogador do Grêmio chamado Jurandir, que colou em mim; só faltou ir junto para o vestiário no intervalo. Por causa disso, meus companheiros não me passavam a bola e acabei desaparecendo do jogo.

Com Zico foi diferente. Eu pedi que ele saísse para receber, que a gente tocava, mesmo com Gentile colado nele. Ele fez isso e recebeu a bola várias vezes. Inclusive fez a tabela que deixou Sócrates na cara do gol. E teve sua camisa rasgada, num pênalti que o árbitro não marcou.

Apesar da marcação forte, Zico jogou. Maradona não tocou na bola contra a Itália, mas Zico conseguiu participar bastante do jogo porque combinamos antes como ele faria.

E a gente não dependia só do Zico, como a Argentina dependia de Maradona.

O jogo

A péssima campanha da Itália na primeira fase da Copa (três empates contra adversários relativamente modestos) me transformou em alvo de brincadeiras na Seleção Brasileira. Alguns companheiros de concentração me disseram, mais de uma vez:

– É fácil jogar lá, né?

Eu respondia:

– Vocês estão brincando. A Itália joga muito mais do que isso.

Fomos assistir ao jogo contra a Argentina e já vimos uma Itália bem melhor na vitória de 2 a 1. Ainda assim, sabíamos que eles jogariam fechados contra nós, explorando os contra-ataques. Só não podíamos imaginar o que ocorreria naquele dia 5 de julho de 1982 – o dia em que o futebol bonito tropeçou no futebol eficiente.

Acho que éramos melhores, mas a Itália tinha um grande time. Cinco minutos: os italianos saem na frente, naquela jogada prevista, o Cabrini avançando pela esquerda e cruzando na cabeça do Rossi. Quinze minutos: Zico sai da marcação, recebe a bola e mete um passe preciso para Sócrates chutar rasteiro e empatar pela primeira vez. Vinte e cinco minutos: Cerezo atravessa a bola da direita para a esquerda, Rossi intercepta e sai em velocidade na direção da área. Um passo mais, e eu chego, mas ele chuta rápido; Waldir Peres toca na bola, mas não consegue defender. Vinte e três do segundo tempo: pego a bola na frente da área pelo lado direito, Cerezo passa e leva os marcadores com ele, desvio para dentro e chuto forte de pé esquerdo. Vibro muito, pois parecia o gol da classificação. Vinte e nove minutos: escanteio contra nós, Oscar tira da área, Tardelli pega o rebote num chute fraco, mas Rossi, na frente de Waldir Peres, desvia para as redes.

Fim do sonho.

Ficha técnica

Brasil 2 x 3 Itália – 5 de julho 1982 – 17h15min
Gols: Rossi (5, 25, 74) – Sócrates (12), Falcão (68)
Estádio Sarriá, Barcelona. Árbitro: Abraham Klein (Israel). Público: 44 mil pessoas

BRASIL:
Waldir Peres
Leandro
Oscar
Luisinho
Júnior
Cerezo
Falcão
Zico
Sócrates
Serginho (Paulo Isidoro)
Éder

X

ITÁLIA
Zoff
Gentile
Scirea
Collovati (Bergomi)
Cabrini
Oriali
Antognoni
Tardelli (Marini)
Rossi
Graziani
Conti

NÚMEROS DO JOGO

	Brasil	Itália
Faltas	18	20
Desarmes	32	28
Passes errados	40	31
Finalizações	23	6
Chutes no gol	7	5

Pós-jogo

Os italianos ficaram até um pouco constrangidos por mandar o Brasil para casa. Sempre que me encontrava, o ex-lateral do Milan Aldo Maldera, que também atuou na Roma, na Fiorentina e na própria Seleção Italiana, costumava perguntar:

– Como vocês foram perder aquele jogo?

Ele adorava o futebol brasileiro. Muitos torcedores da Roma me confessaram depois que ficaram divididos naquele jogo. Torciam por mim, mas também não podiam deixar de torcer pela seleção do país deles. Alguns chegaram a me cobrar, pensando que um movimento de pescoço que fiz depois de marcar o gol do segundo empate tinha sido um deboche. Na verdade, engoli sem querer o chiclete que estava mascando, tal foi a minha vibração.

Quando voltei para a Itália, depois da Copa, recebi muitas manifestações de solidariedade. E nenhuma gozação, a não ser do Pruzzo, que era meu companheiro na Roma. Ele já brincava comigo antes, porque eu fazia muito alongamento para ter flexibilidade. Pruzzo não gostava de fazer aquele tipo de trabalho. Então, ele observou que durante o jogo, quando o Telê mandou Paulo Isidoro entrar, o Bearzot mandou o Bergomi aquecer também. Isidoro botava o pé no ombro, Bergomi esperava, todo rijo. Pruzzo concluiu:

– Viu como não adianta esse tal alongamento. Bergomi entrou e ganhamos de vocês.

Era só uma brincadeira, de um amigo querido, como também foi o Maldera, que nos deixou em julho de 2012. Mas, para a minha autoestima, foi essencial ganhar o título italiano com a Roma logo no ano seguinte. Ganhamos em cima da Juventus, que tinha 70% da seleção campeã, além do Platini e do Boniek.

Não deixou de ser um troco.

A Copa

A Copa do Mundo de 1982, 12.ª edição do torneio, foi a primeira com 24 países, que se classificaram após uma fase eliminatória com 105 participantes.

Primeira fase

Grupo A

Time	Pts.	J	V	E	D	GF	GC	SG
Polônia	4	3	1	2	0	5	1	4
Itália	3	3	0	3	0	2	2	0
Camarões	3	3	0	3	0	1	1	0
Peru	2	3	0	2	1	2	6	-4

Jogos:
Itália 0 x 0 Polônia
Peru 0 x 0 Camarões
Itália 1 x 1 Peru
Polônia 0 x 0 Camarões
Polônia 5 x 1 Peru
Itália 1 x 1 Camarões

Grupo B

Time	Pts.	J	V	E	D	GF	GC	SG
Alemanha Ocidental	4	3	2	0	1	6	3	3
Áustria	4	3	2	0	1	3	1	2
Argélia	4	3	2	0	1	5	5	0
Chile	0	3	0	0	3	3	8	-5

Jogos:
Alemanha Ocidental 1 x 2 Argélia
Chile 0 x 1 Áustria
Alemanha Ocidental 4 x 1 Chile
Argélia 0 x 2 Áustria
Argélia 3 x 2 Chile
Alemanha Ocidental 1 x 0 Áustria

Grupo C

Time	Pts.	J	V	E	D	GF	GC	SG
Bélgica	5	3	2	1	0	3	1	2
Argentina	4	3	2	0	1	6	2	4
Hungria	3	3	1	1	1	12	6	6
El Salvador	0	3	0	0	3	2	13	-12

Jogos:
Argentina 0 x 1 Bélgica
Hungria 10 x 1 El Salvador
Argentina 4 x 1 Hungria

Bélgica 2 x 0 El Salvador
Bélgica 1 x 1 Hungria
Argentina 2 x 0 El Salvador

Grupo D

Time	Pts.	J	V	E	D	GF	GC	SG
Inglaterra	6	3	3	0	0	6	1	5
França	3	3	1	1	1	6	5	1
Tchecoslováquia	2	3	0	2	1	2	4	-2
Kuwait	1	3	0	1	2	2	6	-4

Jogos:
Inglaterra 3 x 1 França
Tchecoslováquia 1 x 1 Kuwait
Inglaterra 2 x 0 Tchecoslováquia

França 4 x 1 Kuwait
França 1 x 1 Tchecoslováquia
Inglaterra 1 x 0 Kuwait

Grupo E

Time	Pts.	J	V	E	D	GF	GC	SG
Irlanda do Norte	4	3	1	2	0	2	1	1
Espanha	3	3	1	1	1	3	3	0
Iugoslávia	3	3	1	1	1	2	2	0
Honduras	2	3	0	2	1	2	3	-1

Jogos:

Espanha 1 x 1 Honduras
Iugoslávia 0 x 0 Irlanda do Norte
Espanha 2 x 1 Iugoslávia

Honduras 1 x 1 Irlanda do Norte
Honduras 0 x 1 Iugoslávia
Espanha 0 x 1 Irlanda

Grupo F

Time	Pts.	J	V	E	D	GF	GC	SG
Brasil	6	3	3	0	0	10	2	8
União Soviética	3	3	1	1	1	6	4	2
Escócia	3	3	1	1	1	8	8	0
Nova Zelândia	0	3	0	0	3	2	12	-10

Jogos:

Brasil 2 x 1 União Soviética
Escócia 5 x 2 Nova Zelândia
Brasil 4 x 1 Escócia

União Soviética 3 x 0 Nova Zelândia
União Soviética 2 x 2 Escócia
Brasil 4 x 0 Nova Zelândia

Segunda fase

Grupo 1

Time	Pts.	J	V	E	D	GF	GC	SG
Polônia	3	2	1	1	0	3	0	3
União Soviética	3	2	1	1	0	1	0	1
Bélgica	0	2	0	0	2	0	4	-4

Jogos:
Polônia 3 x 0 Bélgica
Bélgica 0 x 1 União Soviética
Polônia 0 x 0 União Soviética

Grupo 2

Time	Pts.	J	V	E	D	GF	GC	SG
Alemanha Ocidental	3	2	1	1	0	2	1	1
Inglaterra	2	2	0	2	0	0	0	0
Espanha	1	2	0	1	1	1	2	-1

Jogos:
Alemanha Ocidental 0 x 0 Inglaterra
Alemanha Ocidental 2 x 1 Espanha
Espanha 0 x 0 Inglaterra

Grupo 3

Time	Pts.	J	V	E	D	GF	GC	SG
Itália	4	2	2	0	0	5	3	2
Brasil	2	2	1	0	1	5	4	1
Argentina	0	2	0	0	2	2	5	-3

Jogos:
Itália 2 x 1 Argentina
Argentina 1 x 3 Brasil
Itália 3 x 2 Brasil

Grupo 4

Time	Pts.	J	V	E	D	GF	GC	SG
França	4	2	2	0	0	5	1	4
Áustria	1	2	0	1	1	2	3	-1
Irlanda do Norte	1	2	0	1	1	3	6	-3

Jogos:
Áustria 0 x 1 França
Áustria 2 x 2 Irlanda do Norte
Irlanda do Norte 1 x 4 França

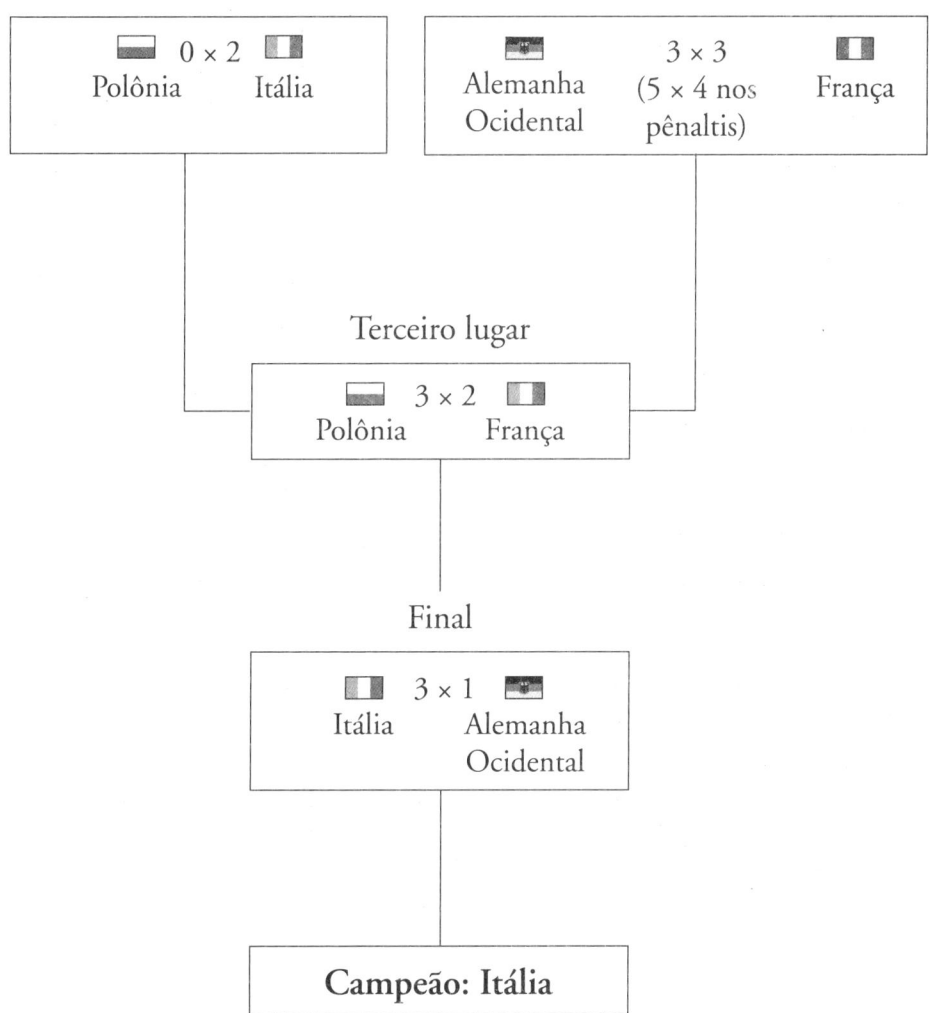

Classificação

1) Itália
2) Alemanha Ocidental
3) Polônia
4) França
5) Brasil
6) Inglaterra
7) URSS
8) Áustria
9) Irlanda do Norte
10) Bélgica
11) Argentina
12) Espanha
13) Argélia
14) Hungria
15) Escócia
16) Iugoslávia
17) Camarões
18) Honduras
19) Tchecoslováquia
20) Peru
21) Kuwait
22) Chile
23) Nova Zelândia
24) El Salvador

Artilheiros

6 GOLS: Rossi (ITA)	**5 GOLS:** Rummenigge (ALE)
4 GOLS: Boniek (POL), **Zico (BRA)**	**3 GOLS:** Kiss (HUN), Giresse (FRA), **Falcão (BRA)**, Armstrong (IRN)
2 GOLS: Fischer (ALE), Littbarski (ALE), Maradona (ARG), Bertoni (ARG), Passarella (ARG), Assad (ARG), Schachner (AUT), **Éder (BRA)**, **Serginho (BRA)**, **Sócrates (BRA)**, Wark (ESC), Six (FRA),	Rocheteau (FRA), Fazekas (HUN), Poloskei (HUN), Nyilasi (HUN), Francis (ING), Robson (ING), Panenka (TCH), Genghini (FRA), Platini (FRA), Hamilton (IRN), Tardelli (ITA)

Regulamento

Em 1982, pela primeira vez a Copa contou com a presença de 24 seleções – até então, apenas 16 equipes disputavam a competição. Assim, o número de jogos da Copa passou de 38 a 52.

A Europa teve 13 vagas (mais uma com a Espanha, sede da competição), a América do Sul, três (mais a Argentina, então campeã), a África e Concacaf, duas cada, e Ásia e Oceania dividiram duas outras vagas.

Na primeira fase, as 24 seleções dividiram-se em seis grupos de quatro times. As duas melhores seleções de cada grupo avançaram para a segunda fase. Então, as 12 seleções restantes foram distribuídas por quatro grupos de três equipes. Os campeões de cada chave avançaram à semifinal.

Nas semifinais, pela primeira vez houve disputa de pênaltis após empate no tempo normal e na prorrogação. Na final, a decisão neste formato não foi necessária.

> **HISTÓRIAS QUE A BOLA NÃO CONTOU**

O corte de Careca

Faltando uma semana para a estreia do Brasil na Copa, o centroavante preferido de Telê Santana, Careca, caiu gritando de dor no meio do treino. O médico Neylor Lasmar levou-o para o vestiário e constatou uma distensão no músculo adutor da virilha. Na época, não havia exame de ressonância magnética para garantir um diagnóstico preciso. E era o último dia para a inscrição de jogadores. Neylor observou a reação do jogador, chamou Telê e disse:

— Tenho uma notícia ruim. Careca está fora da Copa. Vai precisar de, no mínimo, 30 dias para se recuperar.

O próprio Careca reagiu indignado.

— Doutor, não me corta. Eu vou ficar bom.

O presidente da CBF, Giulite Coutinho, interferiu:

— Doutor, o senhor tem certeza? E se ele voltar a treinar em 15 dias no São Paulo, como é que nós vamos ficar?

Neylor manteve a decisão. Mas teve que assinar um atestado para que Coutinho levasse às pressas à Fifa, a fim de garantir a inscrição de outro jogador. Roberto Dinamite foi chamado.

Naquela noite, Neylor Lasmar não dormiu, preocupado com o risco que estava correndo. Antes de amanhecer, porém, foi chamado com urgência por Careca, assustado com o grande hematoma que se formara no local. Em vez de lamentar, o médico disse baixinho:

— Graças a Deus!

Ruim para Careca, um alívio para o competente profissional.

II – DIÁRIO DA COPA

Durante o Mundial de 1982, observei e fiz anotações do dia a dia da Seleção e deixei minhas impressões registradas em 20 crônicas publicadas pelo jornal *Folha da Tarde*, de Porto Alegre. A sequência só era interrompida nos dias em que o jornal não circulava ou quando a Seleção se deslocava, impossibilitando a comunicação.

Compartilho-as com os leitores deste livro, lembrando que os textos devem ser considerados no contexto da época.

14 de junho de 1982

É hoje o grande dia

Um grande dia para mim e para meus companheiros. Embora me considere um jogador experiente, acho que vou estar um pouco emocionado. A experiência nem sempre é suficiente para controlar as emoções.

Isto eu descobri quando joguei contra o Inter, no Estádio Olímpico de Roma. Foi no dia 30 de agosto de 80, nem a data eu esqueço. Depois de 17 anos como jogador do Internacional, parecia um sonho estar jogando contra. Eu corria, batia na bola, tentava fazer as minhas jogadas, mas não conseguia encarar o Inter como adversário.

Mas, hoje, a emoção será outra, bem diferente. Será a emoção normal de um grande dia.

Infelizmente, não será o grande dia de Careca, que também desejava muito estrear numa Copa do Mundo. Mas eu tenho certeza de que ele terá a sua vez, daqui a quatro anos. Eu pude sentir isso quando fui visitá-lo em seu quarto, na concentração. Esperava encontrar um homem arrasado, abatido com a falta de sorte. E encontrei-o apenas um pouco triste, mas esperançoso de que vai se recuperar logo.

Quando Careca levantou a perna para chutar naquele treinamento de quinta, eu olhei para o Valdir Peres e vi que ele evitou dividir. Então, percebi que o Careca tinha parado no meio do movimento e baixava a perna devagar. Senti logo que era problema muscular. Foi semelhante ao que ocorreu com o Beliato, num jogo do Inter contra o Guarani. Ele começou a correr do meu lado e parou de repente, quase sem poder andar. Nunca sofri uma dor dessas, mas imagino que a dor é muito forte.

Só que este não é o momento para falar tanto em dor. Daqui a pouco, os russos estarão em campo e nós vamos enfrentá-los. Sei que eles não perdem há dois anos e têm um time forte. Mesmo jogando na Europa, tive poucas oportunidades de vê-los e só agora poderei conferir se são realmente velozes como dizem.

Minhas experiências anteriores contra os russos foram positivas. Em 1972, jogando pela seleção de novos, ganhamos da União Soviética por 2 a 0. Em 1976, já com a seleção principal, voltamos a ganhar pelo mesmo resultado, no Maracanã. E, neste jogo, fiz o primeiro gol, completando de cabeça um centro do Marinho Chagas.

Tomara que a história se repita hoje e o Leandro faça um cruzamento na minha cabeça. Ou então que qualquer outro companheiro marque um gol que nos garanta a vitória. Aí sim, este dia será realmente grande.

(Depoimento ao enviado especial Nilson Souza)

15 de junho de 1982

E o grande dia teve um final feliz

Graças à tranqüilidade coletiva do time, principalmente no segundo tempo, conseguimos a primeira vitória nesta Copa.

Os russos sabem jogar futebol, um futebol de muita velocidade e com alguma técnica. Mas conseguimos neutralizar as suas melhores jogadas e os brasileiros fizeram festa em Sevilha. Imagino que no Brasil a festa foi muito maior.

A minha expectativa era enorme para que o jogo começasse logo. Queria saber o que existia atrás do fantasma de um jogo de Copa do Mundo, o que ainda faltava na minha carreira.

Confesso, sinceramente, que não senti nervosismo. O que existiu foi uma vontade muito grande de fazer desta fantasma apenas mais um jogo de minha vida profissional. Espero ter conseguido isso.

Apesar da experiência, que me dá uma certa tranqüilidade para jogos importantes, a expectativa começou no Hotel de Carmona. A batucada no ônibus ajudou a acalmar os mais nervosos, o que muito me lembrou os sambinhas que tocávamos no Inter, em dias de decisão. O primeiro tempo não foi bom, principalmente para o Valdir Peres. Mas não fomos todos em cima dele no intervalo, nem mesmo para dar apoio. Se o fizéssemos, ele iria sentir-se culpado por uma falha que é normal. E era justamente isso que queríamos: a falha foi de todos. No final do jogo, sim, aí fomos abraçá-lo e festejar com ele a vitória, que também foi de todos.

O que mais me impressionou ontem foi a torcida brasileira. Já quando chegamos ao estádio, parecia que estávamos chegando ao Brasil, tantas eram as camisas amarelas e as bandeiras. Dentro do estádio, então, era até covardia. Acho até que isso deixou a torcida espanhola um pouco contra nós, pois eles se sensibilizaram com os russos, que não tinham torcida. Mas, no final, todos nos aplaudiram.

Entretanto, o intervalo do jogo é que foi decisivo. O presidente Giulite Coutinho nos disse que o Brasil é um time de virada. Nós todos sabíamos disso, mas precisávamos mostrar dentro do campo. Então, eu pedi ao magrão (Sócrates) para ficar mais, que eu iria para o ataque. Acho que isso deu um bom resultado. Quando eles se preocuparam em me marcar, o magrão fez o gol.

Justamente como eu sonhava. Se eu não marcasse, que outro garantisse a nossa vitória.

O grande dia da minha estréia na Copa do Mundo teve o final feliz que eu sonhava.

(Depoimento ao enviado especial Nilson Souza)

16 de junho de 1982

Um dia alegre, sem tensões

A seleção viveu ontem o seu dia mais alegre. Nós, os jogadores, tivemos finalmente uma folga para esquecer as tensões da véspera. A vitória tirou uma carga emocional muito grande de cima dos jogadores e nos possibilitou um passeio agradável pelas ruas de Sevilha. Durante a caminhada, encontramos muitos torcedores brasileiros, que nos cumprimentavam e diziam que estão confiando na seleção.

Eu fui acordado às dez e meia pelo Tim, informando que tinha trabalho à beira da piscina para os que não jogaram contra a União Soviética. Pedi para dormir mais e ele autorizou, mas antes tive que chamar o Edevaldo. Quinze minutos depois, fui acordado novamente, para atender um telefonema da Itália, de amigos que também me tratam com muito carinho: já na sexta-feira, dois jogadores do Roma — o Spinosi e o Scarnechia — me telefonaram para desejar boa sorte. E os jornalistas italianos também me acompanham de perto. Só ontem, no horário liberado para entrevistas com os jogadores da seleção, tive que dar entrevista a oito italianos.

Mas o carinho maior continua sendo de parte dos brasileiros. Durante o passeio pelo centro da cidade, os torcedores estavam em todos os locais por onde passávamos. Embora estivéssemos sem os uniformes da seleção, eles nos reconheciam e vinham conversar conosco.

Eu fiquei a maior parte do tempo com o Doutor Neilor, que queria comprar uma bola com o distintivo dos países participantes do mundial. Isso ele não encontrou. Mas encontrou as bonecas que pretende dar para sua filha Raquel. Só que perdemos duas horas dentro de um magazine até ele se agradar das bonecas. De minha parte, eu procurei um presente para a minha sobrinha Márcia, filha do Pedro e da Ilka, que aniversariou esta semana.

Voltamos para a concentração em tempo de ver os dois jogos que a televisão espanhola transmitiu diretamente, Peru × Camarões e Escócia × Nova Zelândia. E o nosso dia de folga terminou de modo a nos devolver a consciência do trabalho que ainda temos pela frente. A Escócia apresentou bom futebol e mostrou que teremos muitas dificuldades na próxima partida.

Ganhar dos russos foi ótimo, mas chega de comemorar. Agora, já estamos pensando nos escoceses.

(Depoimento ao enviado especial Nilson Souza)

18 de junho de 1982

Um par de tênis brancos

Não sei por que, mas nesta véspera do meu segundo jogo pela Copa do Mundo eu me lembrei do velho Jofre Funchal, meu primeiro treinador lá no Inter. Acho que hoje ele também estará me acompanhando, como todos os meus amigos de Porto Alegre.

Eu era um guri magrinho quando comecei a jogar, nem podia sequer imaginar que um dia estaria disputando uma Copa do Mundo. O "seu" Jofre me dava fortificantes, de tão magrinho que eu era. E ele fazia muito mais, inclusive pagando a passagem de ônibus para que eu voltasse para Canoas, onde morava. Nós treinávamos no velho estádio do Nacional, na José de Alencar, onde é hoje o Castelão. E eu tinha que tomar dois ônibus para chegar lá. Vendia garrafas vazias para pagar as passagens. Só que às vezes não conseguia nada e o velho Jofre é que garantia.

Um dia — esta eu não posso esquecer — ganhei sapatos novos de meus pais e fui todo feliz para o treino. Era dia de teste para novos jogadores e passaram mais de 300 garotos pelo vestiário. Um deles me levou os sapatos.

Fiquei desesperado.

Então, o "seu" Jofre foi numa loja lá perto e me comprou um par de tênis brancos para que eu não voltasse descalço para casa. Mesmo assim, eu pensei que ia apanhar dos meus pais por ter perdido os sapatos e fui direto para o banheiro chorar.

Quando eles viram os tênis, maiores do que os meus pés, começaram a rir e eu acabei rindo junto.

Por tudo isso, chego a este jogo de Copa do Mundo lembrando uma pessoa que foi tão importante na minha carreira. Mas não esqueço os escoceses, nossos adversários de hoje. Eu os vi pela televisão e sei que são bons.

Nunca joguei contra escoceses, nem pela seleção e nem pelo Roma. Mas conheço a história dos jogos entre Escócia e Brasil. Eles sempre dificultam muito contra nós e até usaram violência algumas vezes. Só que a violência não me assusta, por dois motivos: os árbitros estão atentos neste mundial e eu não sou mais aquele guri magrinho que precisava dos fortificantes do "seu" Jofre.

Espero que a seleção consiga outra vitória hoje. E tenho tanta confiança nisso que, antecipadamente, quero dedicá-la ao homem que soube superar o meu desespero de guri com um par de tênis brancos.

(Depoimento ao enviado especial Nilson Souza)

20 de junho de 1982

O primeiro gol em Copa

Logo que retornei do Estádio Benito Villamarin, após a vitória sobre a Escócia, recebi um telefonema de amigos gaúchos. Falei com a Nara, a Mariana, a Sônia e o gordo Celso. No momento em que me telefonavam, a televisão passava os gols da seleção e eles aumentaram o volume para que eu ouvisse no telefone a narração do meu gol. Este gol me deu grande alegria.

Foi o meu primeiro gol em Copa do Mundo e o quinto pela seleção, segundo me informou o jornalista Solange Ribas, que nos acompanha e tem a estatística completa dos gols da seleção. Mas ele me alegrou mais porque deve ter tranqüilizado a minha mãe. Meus amigos me disseram que ela estava nervosa antes da partida, pois havia lido num jornal que o meu biorritmo era péssimo para ontem. Felizmente, não era tão ruim assim.

Antes mesmo da partida tive uma alegria. Vi, pela televisão, meu companheiro Bruno Conti, do Roma, marcar o gol da Itália. E com o pé direito, que ele dificilmente utiliza. Depois, o Telê me chamou, juntamente com o Sócrates, o Zico e o Cerezo, para conversar sobre o modo como deveríamos jogar. Nesta pequena reunião, que precedeu a palestra, senti que poderia haver bom entrosamento mais tarde. E acho que houve, principalmente no segundo tempo.

Quando o magro recuou aquela bola na minha direção, eu senti que ia marcar. Só tive medo de que a bola subisse, mas o chute saiu certo. Eu vibrei muito, pensando, principalmente, no pessoal que estava torcendo por mim em Porto Alegre.

Mas minha alegria não terminou ai. No ônibus, desde o estádio até a concentração, houve muita batucada. Nós todos cantamos e brincamos muito. Eu não toco instrumento algum, mas participo ao lado de meus companheiros.

Para surpresa nossa, havia uma pequena multidão de espanhóis nos esperando na porta da concentração, para nos aplaudir. Cheguei a ficar emocionado ao ver crianças pequenas, a uma hora da madrugada, esperando pelo retorno do Brasil para festejar, como se fossem brasileiros. A batucada continuou no pátio da concentração e só parou no interior, quando já havia a chamada telefônica de Porto Alegre para mim.

Hoje teremos folga á tarde. Uma folga que a seleção merece, pois tem cumprido com o seu dever. Vou descansar bastante para estar bem no próximo jogo, contra a Nova Zelândia. Nós já estamos classificados, mas eles vão querer fazer nome em cima do Brasil e será outra partida difícil.

(Depoimento ao enviado especial Nilson Souza)

21 de junho de 1982

Dois grandes zagueiros

Depois de cinco anos, voltei a ver Figueroa jogando ontem. O Gringo certamente está jogando a sua última Copa, enquanto eu jogo a minha primeira. Torci para ele ontem, mas o time alemão era muito superior. Prefiro lembrar o Gringo que conheci no Internacional e que acabou se transformando num dos meus maiores amigos.

Figueroa foi um dos maiores jogadores da sua posição. Eu ainda recordo muito bem o que ele costumava dizer sobre a zaga: "A área é a minha segunda casa, só entra quem eu deixo". Com Figueroa, todos nós aprendemos muito. Sua decisão em campo, dava segurança aos mais jovens. Ontem, vendo o Chile perder para a Alemanha numa partida bastante ríspida, fiquei observando o Gringo, para ver se em algum momento ele usaria o cotovelo. No Inter, ele fazia isso quando era necessário. O Palhinha é que sabe bem, pois foi tentar o revide no Mineirão, errou a cotovelada e acabou sendo expulso. Mas o Figueroa de ontem, já veterano, foi um jogador mais contido, jogando na sobra, sem se aventurar tanto. Só mesmo em alguns lances é que mostrou a velha categoria.

Curiosamente, no intervalo do jogo entre Chile e Alemanha, que vimos pela televisão, festejamos o aniversário de outro grande zagueiro. Oscar completou ontem 27 anos e os jogadores da seleção cantaram para ele na concentração.

Oscar tem alguma coisa de Figueroa. Ele sobe para cabecear com a mesma firmeza, como fez naquele gol a Escócia. Aliás, todo o lance foi semelhante ao que o Inter fazia. Valdomiro batia o escanteio, Paulo César ficava no primeiro poste como alça de mira e Figueroa subia para cabecear. Na seleção, bate o Júnior, ou o Éder, Zico fica na frente do goleiro e Oscar aparece de surpresa.

Mas o jogo de ontem não serviu apenas para que eu matasse as saudades do Gringo. Confirmei também uma teoria: a Alemanha é a melhor seleção da Europa e, talvez, o nosso grande inimigo. Por isso, quando saímos para o treino da tarde, fomos com a certeza de que o Brasil precisará de todo o seu futebol para chegar ao título.

Antes, falei que esta é a minha primeira Copa, enquanto é a última de Figueroa. Mas também não posso dizer que não será a minha última, pois na seleção brasileira é muito mais difícil de jogar do que na chilena. E esta é outra razão para que eu me esforce muito pelo título que ainda falta na minha carreira.

Depoimento ao enviado especial Nilson Souza

22 de junho de 1982

Meu lado europeu

Nunca me senti tão europeu como ontem. Já no treinamento da manhã, na piscina do Parador de Carmona, quando ficamos todos sem camisa, eu e Dirceu fomos gozados pelos outros por causa do nosso "bronzeado". E não adiantou explicar que estamos há muito tempo na Europa, eles não quiseram explicações.

E o pior é que, depois da Copa, vou passar uns dias no Brasil e não vai adiantar nada, pois em Porto Alegre, onde pretendo ficar, há pouco sol nesta época do ano.

Mas o treino da manhã também teve a sua parte séria, com todos os jogadores se aplicando muito nos exercícios comandados pelo Tim. Isto mostra que estamos com a mesma disposição para enfrentar a Nova Zelândia do que nos dois primeiros jogos.

Após o treino, o Edinho me procurou na concentração para que eu ensinasse algumas palavras em italiano a ele. E também me perguntou sobre os jogadores da Udinese, clube que vai defender depois da Copa.

O motivo de sua preocupação é o interesse dos jornalistas italianos, que todos os dias o entrevistam. Entretanto, só deu tempo de ensinar respostas curtas, como "não é assim", ou "não sei de nada".

O futebol italiano voltou a me interessar um pouco mais tarde, quando vi a Áustria derrotar a Argélia. É que na Áustria jogou Prohaska, contratado na semana passada pelo Roma. Ele vai ser meu companheiro de meio-campo. Prohaska é um bom jogador, eu já o conhecia bem da Itália, pois ele jogou dois campeonatos pela Inter de Milão. Nós nos enfrentamos algumas vezes e levei vantagem na maioria. Mas é melhor tê-lo como companheiro.

Foi justamente num jogo contra a Inter que fui expulso pela primeira vez na Itália. O juiz já tinha me mostrado o cartão amarelo por reclamação e eu entrei forte num cara. Então, ele resolveu me expulsar. Mas nem fui julgado por isso.

No treino da tarde, fiz dois gols, pois goleamos um adversário muito fraco. Entretanto, deu para perceber o empenho dos jogadores, que procuraram executar o que o treinador pediu, demonstrando que não vão menosprezar a Nova Zelândia. Da minha parte, vai haver muita seriedade.

Mesmo sendo um pouco europeu, por obrigação profissional, no momento em que visto a camisa da seleção eu sou 100 por cento brasileiro.

Depoimento ao enviado especial Nilson Souza

23 de junho de 1982

Até o calção

Vamos jogar hoje a terceira partida pela Copa e ouço muita gente dizer que vamos golear, que o adversário é fácil. Nós, jogadores da seleção, não pensamos assim, mas todos querem nos fazer acreditar que a Nova Zelândia tem pouca categoria. Alguém até disse para o Zico que um jogador da Nova Zelândia declarou que queria jogar esta partida só para pedir a camisa dele.

Isto de pedir a camisa tem acontecido muito conosco. Ontem mesmo, no nosso último treino em Mairena, todos queriam alguma coisa de lembrança. Um garotinho chegou a me pedir o calção do jogo. Eu respondi que aquele eu iria levar de presente para minha vó Angelina, que já ficou com os calções que vesti em 76, 78 e 79, no Inter. Ela é colorada fanática e sempre quer ter alguma coisa minha para guardar de lembrança. Minha avó é filha de italianos e foi dela que ouvi as primeiras palavras nesta língua que agora ouço todos os dias, quando estou em Roma.

A camisa que visto nos jogos importantes vai sempre para a minha mãe. Eu não costumo guardar estas coisas comigo. Nem mesmo as camisas que troco com os adversários em campo. Aqui na seleção, nós não temos permissão de dar o material esportivo para ninguém. E nos clubes, normalmente temos que pagar as camisas que nos levam.

Para satisfazer os torcedores, a CBF mandou fazer fotografias de todos os jogadores, já com os autógrafos. Só que eles não se satisfazem com as fotografias, sempre querem alguma coisa mais. Aqui na Espanha, eu já assinei autógrafo em tudo que é coisa, até no corpo das pessoas. Mas, lá na Itália, os caras arranjam objetos ainda mais estranhos para a gente autografar.

Sei que alguns jogadores não gostam de dar autógrafos, dizem que os caras põem tudo fora depois. Mas eu não me importo com isso, gosto de atender a todos, principalmente as crianças. Enquanto há gente pedindo autógrafo, é sinal que nós estamos agradando.

Por isso também é que não podemos facilitar na partida de hoje. Seria uma decepção muito grande se não conseguíssemos um bom resultado diante da Nova Zelândia. Poderia até mesmo prejudicar a nossa segurança. Mas eu acredito que vamos ganhar, pois todos estão levando a sério esta partida. E ganhar de meio a zero já é suficiente, desde que o juiz valide o gol. De minha parte, nem penso em goleada. Quero apenas ganhar.

Depoimento ao enviado especial Nílson Souza

24 de junho de 1982

A briga que não houve

Foi uma felicidade para mim ter marcado outro gol, principalmente numa jogada pelo lado direito de nosso ataque, razão da maior polêmica da seleção. A nossa dedicação nos treinamentos para executar o que o Telê deseja foi recompensada totalmente ontem, pois outros dois gols também saíram pelo lado direito, em jogadas do Leandro para o Zico. E o meu gol também foi resultado de uma jogada que combinei com o Zico no vestiário, que o jogador que recebesse a bola deveria prendê-la um pouquinho para o outro passar rápido pela direita.

O mais curioso é que, antes da partida, o Zico veio falar comigo no vestiário, dizendo que repórteres cariocas haviam perguntado a ele se era verdade que havia brigado comigo. Nosso entendimento em campo foi a melhor resposta para esta pergunta. O ambiente na seleção é o melhor, não sei por que imaginam coisas assim.

Terminado o jogo, o lateral-direito da Nova Zelândia veio me cumprimentar. Disse duas palavras em inglês, que tiveram muito significado para mim: "champion" e "the best". Não sei se era só para facilitar a troca de camisa, mas o cara quis dizer que nós vamos ser campeões e que eu fui o melhor do time.

Eu acho que todos jogaram bem. Desta vez, conseguimos executar muitas jogadas que treinamos. Poderíamos até ter feito mais gols. E o mais importante é que não ficamos convencidos com a goleada. Sabemos que a próxima etapa, contra Argentina e Itália, será bem mais difícil. Conheço bem a Itália e a Argentina e me preocupo mais com os sul-americanos. Os argentinos conservaram os grandes jogadores de 78 e ainda acrescentaram mais qualidade. É o time mais habilidoso de todos que enfrentamos até agora.

A marcação sobre Maradona não me preocupa tanto, pois não caberá só a mim. A seleção brasileira não faz marcação individual. Eu vou ter com ele o mesmo cuidado que tenho contra outros jogadores.

Contra a Itália, nós é que teremos que fugir da marcação. Os italianos marcam muito bem, especialmente no setor de meio-campo. E a defesa da Itália é reforçada por um líbero, o Schirea, que joga solto. Antes de encerrar a minha carreira, ainda quero jogar de líbero, pois é uma função que me agrada muito.

Mas não quero falar em encerrar carreira agora, justamente no momento mais importante dela. Estou realizando o meu sonho nesta Copa e espero continuar até o fim com tanta sorte. Se for possível, ainda farei outros gols como o de ontem.

Depoimento ao enviado especial Nilson Souza

25 de junho de 1982

Um amigo italiano

Esta Copa do Mundo é para mim mais do que uma disputa de futebol. A cada jogo, vivo uma emoção diferente. Já passei pela estréia, pelo meu primeiro gol e, agora, terei que passar por outra prova emocional: enfrentar a Itália e, especialmente, meu companheiro do Roma, Bruno Conti. Ele é um dos meus melhores amigos no clube e será curioso tê-lo como adversário.

Conti é tão meu amigo que um de seus filhos, o Danielle, de três anos, diz que é o "Falcão" quando brinca com a bola. Ele tem também outro maior, chamado Andrea, que tem cinco anos e já demonstra alguma habilidade para chutar.

Quando fui para o Roma, Bruno Conti foi um dos primeiros jogadores a me procurar para fazer amizade. Ele havia visitado o Brasil em 1980 e tinha uma história engraçada para me contar. Ficou hospedado no Hotel Copacabana, no Rio, aquele mesmo que o Inter costumava ficar. E quando foi à praia, sentiu vontade de participar de uma "pelada" que os cariocas jogavam na beira do mar. Entretanto, viu tantos caras habilidosos que ficou com vergonha de entrar no jogo. Isto que ele é um dos jogadores mais habilidosos do Roma.

A Itália ainda não fez uma grande partida nesta Copa, mas tem um time forte. Eu vi o jogo contra Camarões e acho que os italianos mereceram vencer. O próprio Conti perdeu um gol incrível, mas o árbitro já havia marcado impedimento. Os italianos sabem marcar muito bem, usam o contra-ataque com os dois jogadores que deixam na frente, o Rossi e o Grazziani. O Conti e o Antognoni ficam mais livres, tanto para defender como para atacar. Mas é na defesa que os italianos são melhores, pois foram os inventores do libero. Será um teste definitivo para o nosso time, que ataca muito. Eu vou alertar a todos que teremos que nos cuidar com os contra-ataques.

Quanto a minha amizade com Conti, certamente vou abraçá-lo antes e depois do jogo. Durante a partida não pode haver amigos com camisas diferentes. Ele vai fazer o possivel para me vencer e eu também farei o mesmo. Sei que os italianos torceram por mim até agora, mas esta torcida vai acabar quando a Itália entrar em campo para nos enfrentar. Como os brasileiros, eles também são fanáticos por sua seleção. Mesmo os torcedores do Roma, desta vez estarão contra mim.

O que não me preocupa muito, pois os brasileiros estarão do meu lado.

Depoimento ao enviado especial Nílson Souza

27 de junho de 1982

Um beijo aos espanhóis

O carinho dos espanhóis para com a seleção brasileira continua nos comovendo. A despedida de Sevilha, ontem pela manhã, foi emocionante. Os funcionários do hotel alinharam-se na frente do Parador e ficaram acenando para nós quando o ônibus saiu. E, nas ruas de Carmona, as crianças e até os adultos nos acenavam e gritavam o nome do Brasil.

Em Barcelona, que é uma cidade grande, a recepção não foi tão acalorada, mas no novo local de concentração o carinho dos espanhóis voltou a ser manifestado, especialmente para mim. Quando eu retornava do campo de treinamento, fui chamado pelo casal que realizava a sua festa de casamento no hotel. Eles queriam tirar uma foto comigo. Quando me coloquei entre os noivos, todos os convidados se aproximaram para também sair na foto. Acho que deve ter ficado como aquelas fotografias antigas de casamentos, embora com a curiosidade de ter no centro um jogador fardado.

E o mais curioso é que os próprios espanhóis começaram a pedir que eu beijasse a noiva. Com a licença do rapaz, eu atendi os pedidos e imaginei que naquele momento estava beijando todo o povo espanhol, que nos tem dispensado uma grande atenção.

Ao carinho dos brasileiros, eu penso que a seleção está retribuindo com bom futebol. Podemos até perder algum jogo da próxima fase, mas acredito que nas três primeiras partidas conseguimos reconciliar o povo brasileiro com o futebol que ele gosta. Jogamos bonito e objetivo, com toques para a frente e gols.

Isto de tirar fotos com noivos já tem acontecido comigo, principalmente logo que fui para a Itália e morei algum tempo no Hotel Vila Pamphili. Lá, são realizadas muitas festas de casamento e algumas vezes me solicitaram que pousasse para fotos. Entretanto, ontem teve um significado diferente, pois eu ainda sentia a emoção da despedida de Sevilha.

Na nossa noite de folga em Sevilha, eu fui jantar às margens do rio Guadalquivir e comi um peixe delicioso. Entretanto, a melhor lembrança que guardo da cidade é a do que ocorreu dentro de campo, os lances das nossas vitórias sobre russos, escoceses e neozelandeses e a vibração conjunta dos torcedores brasileiros e espanhóis.

Depoimento ao enviado especial Nilson Souza

28 de junho de 1982

Nasce um campeão

Vou contar uma historinha que mostra bem como os jogadores da seleção brasileira estão confiantes na conquista do título: eu estava almoçando com o Sócrates e ele recebeu um telefonema da sua esposa. Quando voltou, me disse que o seu filho está para nascer por estes dias. Eu perguntei se nasceria durante a Copa e ele me respondeu:

— Tomara que nasça no dia 11, que já nascerá campeão.

Estamos confiantes, é verdade, mas respeitamos muito nossos adversários e estamos fazendo o máximo para chegar bem aos jogos decisivos. De minha parte, faço o possível para estar em boa forma. Saí machucado daquela última partida contra a Nova Zelândia e fiquei até as quatro horas da madrugada com uma bolsa de gelo na perna. Depois da viagem entre Sevilha e Barcelona, continuei fazendo tratamento e só ontem voltei a correr. Mas foi uma corrida em volta do campo enquanto os outros treinavam coletivo.

Enquanto corria, eu me lembrava de quando era garoto, no Colégio São José, em Canoas. Naquela época, não gostava de fazer ginástica e as aulas de Educação Física eram um sacrifício. O professor só deixava a gente jogar bola nos últimos 15 minutos. Ficávamos tão insatisfeitos que alugávamos o campo do colégio, depois da aula, para continuar com o jogo. Isto que o nosso professor era o Pedrinho Figueiró, um homem ligado ao futebol.

Só depois de muito tempo é que compreendi que ele tinha razão. Um jogador precisa cuidar do seu preparo físico e se conscientizar de que outros treinamentos, além dos coletivos, são necessários. Hoje, eu não me importo de ficar correndo em torno do campo enquanto os outros jogam porque sei que, na hora de jogar, vou correr mais do que aqueles que não gostam dos trabalhos físicos.

Além disso, quando tenho uma lesão como esta contratura no músculo posterior da perna, faço o possível para não agravá-la. Já tive uma grande decepção por causa de problemas médicos e não quero ter outra. Em 80, eu queria participar daquele jogo contra o Atlético e, na hora do aquecimento, estava com 40 de febre por causa da erisipela. Foi frustrante, ainda mais que o Inter perdeu o jogo e não passou à final, quando necessitava de um simples empate.

Mas hoje eu volto a treinar com bola. Este trabalho também é muito importante nesta fase, pois não podemos perder o entrosamento. Espero não sentir mais a perna e chegar ao primeiro jogo da segunda fase, e a todos os outros, com o meu melhor futebol.

Afinal, quero ajudar o Sócrates a realizar o seu sonho de ter um filho campeão do mundo no dia do seu nascimento.

Depoimento ao enviado especial Nilson Souza

29 de junho de 1982

Um futuro incerto

O futuro de um jogador de futebol é tão incerto quanto o resultado de uma partida. Ninguém pode prever o que vai dar. Pelo menos, é isso o que eu sinto com relação a **minha carreira depois da Copa**.

Ontem, o **presidente do Roma conversou comigo depois do treinamento**. E me perguntou se o **Real Madri iria mesmo me levar**. Eu respondi: "Só depende do senhor". Mas, na verdade, nem eu sei o que me acontecerá depois da Copa. Tenho mais um ano de contrato com o Roma e só não gostaria mesmo é de chegar ao final do contrato sem ter minha situação definida. Eu espero resolver isto logo depois da Copa.

O Dino Viola, que chegou a **Barcelona com o Cristóvão Colombo** e a esposa, aproveitou para fazer uma brincadeira comigo. Me pediu para ter cuidado com o **Bruno Conti, que é muito delicado**. Delicado porque o Viola quer, pois o Conti é mais forte do que eu.

Depois do treino, eu vi pela **televisão o jogo entre Polônia e Bélgica** e conclui que tanto eu como o Bruno é que precisaremos ter cuidado. O Boniek, que foi o destaque do jogo, será nosso adversário pelo Juventus. E o Platini, que não participou da vitória da França sobre a Áustria, será seu companheiro. O outro jogador da meia-cancha da Juve é o Tardelli, que todos verão marcando o Maradona hoje. Dá para enfrentar um meio campo desses?

Mas esta resposta não se pode dar agora. Antes, tenho que pensar na seleção e nesta nossa tentativa de conquistar o quarto título para o Brasil.

Voltei a treinar ontem, depois de dois dias parado para fazer tratamento. E tive a satisfação de ter o Batista como companheiro. Eu não jogava junto com ele há dois anos, desde agosto de 80, quando o Internacional jogou contra o Ajax, aqui mesmo na Espanha. Nós empatamos de 2 a 2 e o Batista até marcou um dos gols. Antes do treino, nós conversamos e lembramos este assunto.

Pela manhã, antes do treino, eu joguei tênis com alguns companheiros lá na concentração. Eu e o Sócrates jogamos contra o Edinho e o Juninho uma partida de duplas. E perdemos porque o Edinho joga muito bem. Eu também tenho praticado um pouco lá em Roma, na casa de um amigo, mas me garanto mais no futebol.

Depoimento ao enviado especial Nilson Souza

30 de junho de 1982

Três festas

A primeira festa foi na concentração da seleção brasileira, por causa do aniversário do Júnior, que ontem completou 28 anos. Nós cantamos para ele em torno do bolo e o Cerezo, que faz fotos para a revista Placar, foi chamado com a máquina para registrar o momento.

A segunda festa foi em Porto Alegre e eu só participei dela através do telefone. Meu irmão Pedro estava de aniversário ontem e só pude cumprimentá-lo por telefone. E ele acabou me contando uma historinha da minha sobrinha Milena, de dois anos, que me deixou ainda mais saudoso. Ela entrou num bar para comprar balas e viu uma foto minha na parede. Então, para surpresa do homem que a atendia, começou a gritar: "Tio Paulo, Tio Paulo". O homem só foi entender depois que minha cunhada explicou.

A terceira festa foi da torcida italiana e desta eu tive que participar. Estava no estádio e não pude deixar de vibrar com a vitória do meu amigo Bruno Conti e de seus companheiros. Além disso, quando saía do estádio para o ônibus, os torcedores italianos me cercaram, gritando o meu nome e o coro "Forza Roma".

Só que a última festa foi precedida por muito nervosismo e até por algumas brigas. Uma delas foi curiosa: o Bertoni e o Graziani, que são companheiros no Fiorentina há um ano; quase se agarraram a socos. Foi preciso que o Antognoni, também jogador da Fiorentina, se intrometesse entre eles.

Isto mostra bem o que é o clima de final de Copa. A tensão vai aumentando a medida em que os jogos se tornam decisivos. Aquele jogo de ontem teve também outros lances desleais e violentos, como a cotovelada do Passarela no Altobelli. O Passarela é outro que vai jogar na Fiorentina este ano. Havia quatro companheiros de clube na partida de ontem, dois de cada lado. E ninguém poupou ninguém.

Mas, mesmo assim, tudo terminou em festa. Pelo menos para a torcida italiana e para mim que, à noite, recebi um telefonema do Pedro contando outra da minha sobrinha. Depois de me ver várias vezes na televisão fazendo publicidade de um refrigerante, ela exclamou:

— Pô, como o tio gosta de Garaná!

Depoimento ao enviado especial Nilson Souza

1.º de julho de 1982

O outro lado da seleção

Depois de tanto tempo convivendo com os jogadores da seleção, já pude formar uma opinião sobre cada um deles e revelo nesta coluna um pouco da intimidade do time principal, para que os leitores da FOLHA façam uma idéia do bom ambiente que estamos vivendo nestes dias que precedem a parte decisiva da Copa:

— VALDIR PERES — é um sujeito caladão, quase não fala, mas aceita todas as brincadeiras. E a que mais fazem com ele é sobre sua careca. Dizem que em estádios de refletores fortes, só ele brilha.

— LEANDRO — é o mais garotão da turma, mas tem muita responsabilidade. Ele brinca muito comigo porque uma vez, quando esteve para ir para o Internacional e fez exames médicos no Beira-Rio, eu dei um par de sapatos que tinha comprado no Rio para ele trocar. Ele levou, usou e nunca mais falou nada. E agora na seleção, especialmente quando foi meu companheiro de quarto em Portugal, veio me agradecer o presente "com a maior cara de pau". E o pior é que contou para o Carpegiani, lá no Flamengo, e o Paulo botou no quadro do vestiário esta história do sapato.

— OSCAR — é um daqueles caras do interior. Bom caráter, que gosta da vida no campo. É o que eu mais brinco depois dos treinos de dois toques. Quando ele ganha, vem me gozar: "Ué, você estava ai. Pensei que estivesse telefonando para Roma". Quando eu ganho dele, também brinco: "Pensei que você tivesse ido para o Cosmos novamente".

— LUISINHO — é meu sócio. Em Belo Horizonte, fizemos um jogo de Loto em sociedade e combinamos até o que iríamos fazer com o dinheiro: negociar jogadores. A gente iria comprar juvenis, trabalhá-lhos e revender. Eu disse que observaria na Itália e ele no Brasil. Tudo na gozação, mas desde então ficamos sócios. Só que não ganhamos nada com a sociedade, pois erramos todos os números.

— CEREZO — este é muito brincalhão, principalmente com o Isidoro e o Luisinho. Os mineiros estão sempre juntos e se conhecem há oito anos. É um cara que dorme muito e come mais ainda. Mas também treina bastante. Por pouco não foi para o Roma e eu lamentei que não deu certo o negócio, pois com ele daria para acertar o time.

Paro esta análise no meio de campo e continuo amanhã, pois tenho muito o que falar sobre meus companheiros de seleção.

Depoimento ao enviado especial Nilson Souza

2 de julho de 1982

O outro lado da seleção (2)

Na análise pessoal do comportamento de meus companheiros de seleção, que iniciei ontem, falei sobre o mutismo de Valdir Peres, a história do Leandro com os meus sapatos, as brincadeiras que Oscar faz comigo, minha sociedade com Luisinho e a alegria mineira de Cerezo. Hoje, comento o meu relacionamento com Júnior e os jogadores de ataque da seleção.

— JÚNIOR — é o cantor da seleção. Já poderia ter sido meu companheiro antes, quando esteve para ir para o Internacional. Só não foi porque disseram que ele tinha um problema no ombro e não podia cobrar lateral. Ainda hoje ele fala muito comigo sobre isso e ri da situação.

— SÓCRATES — é o cara com quem tenho o melhor relacionamento no grupo. É um sujeito sério, espontâneo, que não se preocupa com a sua imagem e diz tudo o que pensa. Temos muitas idéias em comum e eu o considero um espírito verdadeiro.

— ZICO — Zico é para mim quase como o Sócrates. Além de ser inteligente, atingiu nesta Copa a sua maturidade. Ainda antes do jogo com a União Soviética, ele me confessava que saiu-se mal na Argentina porque fez da Copa uma questão de vida ou morte. Agora não, ele está tranqüilo e não se perturba com nada.

— SERGINHO — é outro que está sempre de gozação, especialmente com o Juninho. Até hoje fala no gol que fez contra a Ponte e goza com o Juninho dizendo que comprou um apartamento "em cima dele". Há poucos dias, fez um filme e ficou tão entusiasmado que me contou toda a história. Nem vou precisar ver.

— ÉDER — é outro que amadureceu muito desde o tempo em que jogou pelo Grêmio. Ainda hoje comentamos o incidente do Gre-Nal de 77, quando fui apartar uma briga entre ele e o Batista e acabei levando um soco no nariz. Começou a sangrar e o jogo virou pancadaria geral. Hoje, que somos bons amigos, ele me explica que pensou que eu ia agredi-lo e por isso bateu primeiro.

Isto é um pouco do que os jogadores da seleção significam para mim. Há muito mais o que dizer e o espaço é pouco até mesmo para analisar os reservas atuais, que também são meus amigos. A seleção brasileira é formada pelo melhor grupo que convivi desde o Internacional. Entretanto, o que mais interessa mesmo é o nosso relacionamento dentro de campo, que tem sido ainda melhor.

Espero que hoje, contra os argentinos, possamos permanecer unidos e solidários como temos sido até agora para conseguir outra vitória fundamental.

Depoimento ao enviado especial Nilson Souza

4 de julho de 1982

Cuidado com as pernas

Vencemos os campeões do mundo. Foi uma partida tensa, em que até eu tive que abandonar minhas características num certo momento para me defender. Entrei por cima da bola no Passarela, porque deu tempo de ver que era ele e também porque havia um passado a me alertar.

Naquele lance, lembrei o que ele fez no Batista, no Mundialito, e também de uma partida que fiz com o Internacional em Mar del Plata, quando ele tirou o Valdomiro de campo e ainda me deu uma cabeçada. Ontem, depois daquela dividida, ele tentou me atingir de novo com a cabeça, mas não pegou.

O que ninguém sabe é que fui alertado antes do jogo começar. O Bertoni, que ficou meu amigo desde o dia em que fui consolá-lo após uma expulsão contra o Roma, me procurou antes da partida iniciar. O juiz já estava para apitar e ele gritou para mim: "Cuidado com as pernas". Acho que é porque ele conhece bem os seus companheiros. Mas nós conhecemos melhor ainda o Passarela e estávamos prevenidos. Por isso eu entrei por cima. Não queria machucá-lo e sim me defender.

Já o Zico não teve nem tempo de ver que era o Passarela e levou a pior.

Entretanto, não foi a violência que influiu no resultado do jogo. Nós jogamos um futebol ofensivo e objetivo, por isso ganhamos. O Maradona é um grande jogador, mas colocam muita responsabilidade em cima dele. Todos os jogadores da Argentina pegam a bola e logo procuram por ele para dar o passe. Só o Ardiles é que tenta outras jogadas. Aliás, na minha opinião, o Ardiles é o melhor jogador argentino desde 1978. Ele não dá pontapé, joga limpo e bonito. Me lembra um pouco o Carpeggiani.

O curioso do jogo de ontem é que sai desta jogada com Passarela apenas com uma advertência verbal e, depois, levei cartão amarelo sem ter feito nada. Foi um grande susto: fui ajudar o Batista a levantar, o árbitro expulsou Maradona e voltou-se para mim procurando o cartão. Pensei que ele ia me dar o vermelho. Achei que estava fora da Copa. O Edevaldo até me mandou sair dali, na tentativa de evitar o cartão. No final do jogo, fui procurar o juiz para explicar que não tinha feito nada, mas não tirei os olhos do Passarela, que me procurava. O juiz não quis saber, só disse: "Suerte, suerte". E saiu.

E o Passarela se aproximou, colocou a mão no meu ombro e saiu sem dizer nada. Naquele momento, o Ardiles e outros já vestiam camisas do Brasil, num final muito bonito para um jogo tão tenso.

Depoimento ao enviado especial Nilson Souza

5 de julho de 1982

Da gozação à oração

Hoje é nossa primeira decisão nesta Copa e estamos tão tranqüilos como nos outros quatro jogos que já disputamos. A véspera desta partida com os italianos foi um dia agradável, que nos devolveu as forças físicas e espirituais utilizadas na partida contra a Argentina.

Pela manhã, depois do treino físico, assistimos ao jogo entre a comissão técnica e os jornalistas. E foi divertido, porque demos conceitos às atuações dos integrantes da comissão técnica. Mais ou menos estes: TELÊ – Como jogador é excelente treinador; FERREIRA – administrou muito mal o meio campo do time; NETO (segurança da seleção) – maior segurança do goleiro adversário; TIM – precisa treinar mais, está fora de forma; VAVÁ – O leão da Copa de 58 parece gatinho em 82; VALDIR MORAIS – um ótimo treinador do goleiro adversário.

Depois deste jogo, quando ia para o vestiário, vi que tinha iniciado a missa na capela da concentração. Resolvi ir à Igreja. Encontrei o Luisinho no caminho e o convidei para ir junto. Ele não quis porque estávamos de calção e eu respondi:

– O "homem" não vai reparar, o que interessa é o que você tem por dentro e não a aparência.

Mas o Luisinho é inibido demais. Apenas eu, o Oscar e o Isidoro é que fomos à missa. Aproveitei, como sempre faço, para rezar, pedindo a Deus que ninguém se lesione na partida de hoje.

Sempre fui religioso, minha família é católica e ia muito à igreja. Além disso, estudei num colégio de padres, o La Salle de Canoas, e a aula toda ia à missa. Mas, acima de tudo, rezo porque acredito em Deus, o que me dá muita segurança pessoal. Acho que todas as pessoas têm que acreditar em alguma coisa. No mínimo, têm que ter fé nas coisas que fazem.

No futebol é igual: a gente tem que jogar com fé e segurança, acreditando que vai dar tudo certo. No jogo com a Argentina, por exemplo, eu tirei uma bola de calcanhar da nossa área porque tinha certeza de acertar. Se não tivesse, dava um bico para fora.

Mas eu não rezo para ganhar. Isto se resolve dentro do campo e não com orações, pois os italianos também são religiosos. Entretanto, espero que as minhas orações – e de todos os brasileiros – ajudem a seleção a contar com Zico hoje. Ele é muito importante para nós. É ele quem segura a bola quando eu passo pela direita, como no gol contra a Nova Zelândia.

Quanto a mim, embora conheça bem os italianos, só joguei uma vez contra eles. Foi em 76, pelo Torneio do Bicentenário dos Estados Unidos. Ganhamos de 4 a 1, mas eu tive que sair no intervalo porque torci o tornozelo. Acho que faltou a oração.

Hoje, não falta nada.

6 de julho de 1982

Nem sempre ganha o melhor

Por mais que a gente se prepare, nunca se está pronto para a derrota. Perdemos um jogo na hora errada e não há explicação para isso. Eu nunca me senti tão triste na minha vida. Chorei como criança e os outros jogadores também choraram: A concentração transformou-se num velório.

Terminado o jogo, ninguém falava. O Júnior ainda tentou animar a gente, falando meio com raiva que, apesar da derrota, tínhamos de lembrar que fomos a melhor equipe da Copa. Mas quase ninguém ouviu direito. A viagem de ônibus também foi silenciosa e, na concentração, foi ainda pior.

O presidente Giulite Coutinho fez uma reunião para agradecer o esforço de todos e elogiou o Telê, que convocou um grupo muito bom tanto dentro como fora de campo. Aí, o Sócrates resolveu falar em nome dos jogadores e comoveu a todos. Disse que, pela primeira vez, ia fazer um pedido pessoal. Explicou que o filho dele está para nascer e pediu que a viagem de volta fosse antecipada. Quando terminou de falar, estavam todos chorando.

Eu sou um cara difícil de chorar, me seguro muito. Mas, desta vez, não deu para segurar.

Dentro de campo, eu fiz o máximo. Não queria perder para os italianos. Esta, certamente, foi a minha última Copa, pois já estou com 28 anos. Quando fiz aquele gol do empate, chutei com toda a minha força. Bati com raiva, confesso. E vibrei muito com o gol.

Mas nem deu tempo para a gente segurar o resultado.

Quando o jogo terminou, o Conti veio me abraçar e nem tinha coragem de confirmar a troca de camisas que havíamos combinado. Ele estava triste por mim, parecia até que a Itália tinha perdido. Então, eu tirei a camisa e dei para ele e sai do estádio com a camisa da Itália, em homenagem ao meu amigo.

A amizade entre os jogadores foi a nossa maior vitória nesta Copa.

Quando Sócrates terminou de falar na reunião de ontem, o Júnior disse que estávamos todos chorando também porque um grupo tão unido iria se separar.

Eu acredito que chorar faz bem, alivia. E tento me consolar lembrando a faixa que os espanhóis colocaram na estrada, na cidadezinha próxima a concentração, por onde o ônibus passa na volta de Barcelona. Dizia: "Brasil, nem sempre ganha o melhor".

Depoimento ao enviado especial Nilson Souza

7 de julho de 1982

Hora de arrumar a mala

É duro arrumar as malas quando não dá para deixar a tristeza fora. Nossa última noite na concentração foi terrível, ninguém conseguiu dormir. Às quatro horas da madrugada, eu estava sozinho na janela do quarto, olhando para a rua escura. Fiquei imaginando as pessoas que, naquele momento, estavam dormindo tranqüilamente, sem qualquer preocupação. Esta não era a situação dos meus amigos, eu tenho certeza.

O que mais me dói é saber que um monte de gente está sofrendo com a gente. Na noite do jogo, eu recebi um telefonema da minha família, querendo me consolar. A minha mãe, que consegue se controlar nesses momentos, falou primeiro e passou o telefone para um amigo, o gordo Celso. Mas eu só consegui ouvir o seu alô. Depois, ele não falou mais. O meu irmão Pedro estava com a voz rouca e disse que minha sobrinha chorou muito por mim.

Por aí, eu imagino a tristeza do povo brasileiro.

Na concentração, os próprios jornalistas que fazem a cobertura demonstravam tristeza. O Roberto, assessor de imprensa da CBF, chorava a todo momento. Tivemos o dia livre para sair, mas muitos não quiseram passear. Eu nem pude fazer as compras que desejava, pois tinha planos de fazê-las em Madri, quando fôssemos para a final.

Mas não adianta chorar demais também. Agora, eu penso nas minhas férias, em Porto Alegre, onde estarei chegando esta tarde. Vou recuperar as forças para retornar à Itália. Neste final de Copa, ficarei torcendo para os italianos, por causa do meu amigo Bruno Conti. E também para ter o consolo de termos perdido para os campeões.

Eu espero que este trabalho feito agora não seja desprezado apenas por causa de uma derrota. Fizemos uma boa participação na Copa, todos reconheceram isso. Perdemos por detalhes, não houve falta de empenho de ninguém.

O Telê, quando se despediu de nós, agradeceu a todos e disse uma coisa que marcou muito: "Voltem tranqüilos para o Brasil que o mundo inteiro aplaudiu vocês".

Depoimento ao enviado especial Nilson Souza

> **HISTÓRIAS QUE A BOLA NÃO CONTOU**

O jornal de Juninho

Como as emissoras de televisão não podiam gravar no interior da concentração, a Globo ofereceu uma câmera aos jogadores, para que fizessem registros curiosos e marcantes dos bastidores. Edinho virou cinegrafista e Juninho, que era o mais cara de pau do grupo, passou a fazer o papel de repórter-apresentador do telejornal fictício.

– Minha experiência começou antes, nas eliminatórias e no Mundialito do Uruguai, em 1981 – conta o ex-zagueiro da Ponte e do Corinthians.

Na fase classificatória, o Brasil foi jogar no Equador, onde havia um protesto político. No noticiário simulado, Juninho disse que as manifestações tinham sido suspensas por causa da descoberta de um fóssil, um Homem de Neandertal, nas cordilheiras geladas. Em seguida, mostrou uma foto do ex-goleiro Marola, que atuou pelo Santos e estava convocado por Telê. A imagem mostrava Marola com o rosto desfigurado, no momento em que saía para rebater a bola. Todos se divertiram.

Com esse retrospecto, ele conquistou o direito de apresentar o jornal interno da Seleção em 82. Numa das gravações, que até faz parte do arquivo do programa Esporte Espetacular, Juninho simula uma entrevista com os jogadores nos seus quartos. Conversa com Zico, depois fala com Éder, que reclama do ronco de Serginho. Quando Serginho vai falar, pensando que apenas participaria da entrevista, Cerezo despeja sobre ele um balde de água.

Tudo armado por Juninho.

Ele era tão irreverente que não poupava nem Telê Santana. Uma de suas imitações preferidas diante da câmera era arremedar o treinador dando explicações sobre um jogo que estava equilibrado. Então, o Telê-Juninho fazia um gesto com as mãos à frente, tentando simbolizar a igualdade com os indicadores, mas deixando um dos dedos encolhido, para representar a falta de uma falange na mão do treinador. Em seguida, ele perguntava, já na condição de jogador:

– Professor, qual dos dois é o nosso time?

Não passava dia sem que Juninho fizesse a sua graça. Ele colocou apelido em vários jogadores e se orgulha disso:

– Batista já chegou Barney, dos Flinstones; esse não é de minha autoria. Mas Edivaldo Cavalo, Renato Pé Murcho e Júnior Capacete eu assumo.

Depois da derrota para a Itália, com os jogadores inconformados e silenciosos no ônibus que nos levaria de volta para o hotel, Juninho ainda tentou animar o grupo com uma brincadeira:

– Pessoal, foi um sonho! O jogo é amanhã. Me belisquem. Me acordem.

Dessa vez ninguém teve ânimo para rir dele.

III – POR QUE PERDEMOS?

Esperei 30 anos para fazer esta pergunta a cada um dos companheiros que entraram em campo comigo naquele dia 5 de julho de 1982. Não cheguei a perguntar a Sócrates, que nos deixou antes da elaboração deste livro. Mas, em homenagem a sua memória, estou reproduzindo aqui o registro que ele deixou no diário que escreveu à época para a *Revista Placar*.

A seguir, pela ordem de escalação, as respostas dos demais companheiros:

Waldir Peres

Por que perdemos, Waldir?
"Eu acho que a Itália soube jogar contra o Brasil. Teve talvez a facilidade de sempre sair com o resultado na frente. O Brasil sempre correu atrás. A Itália obrigou o Brasil a se abrir um pouco mais do que o nor-

mal. Nosso time era muito técnico, muito ofensivo, tinha o apoio de dois laterais, o Júnior e o Leandro. Fomos obrigados a sair mais, a buscar o gol de empate. Aí tivemos dificuldade.

Se a gente sai na frente, muda de figura. Mesmo com os empates, não dava para ficar atrás. Só se a gente amarrasse Falcão, Sócrates, Zico, Cerezo, Leandro e Júnior. Como se podia prender um time que ia para a frente, que jogava ofensivamente? Esse time não foi feito nos cinco jogos da Copa. Foi feito em dois anos. Já tinha essa característica e o próprio Telê exigia isso.

Mas fizemos história. Se fizermos um retrospecto, que outra seleção depois de 82 jogou um futebol como nós jogamos? O treinador do Barcelona, Guardiola, disse que a gente tinha esse tipo de toque em 82. O toque da Espanha é sensacional; é o que nós tínhamos. Inclusive no gol do Éder contra a Escócia, a bola saiu da minha mão, teve 11 toques, nenhum escocês tocou na bola e o Éder fez o gol por cima do goleiro. Isso lembra uma Seleção que jogava muito futebol, caso do Barcelona, da Espanha, da Holanda de 74 e da Hungria de 54.

Aquela Seleção de 82 marcou pelo trabalho, pela organização do time, por ser ofensiva, pelo toque de bola. Será sempre lembrada. Vimos diversas Copas e nenhuma equipe tem se sobressaído, a não ser a Espanha.

A derrota foi circunstancial e do futebol. O resultado era favorável a nós, mas a gente sempre sofria um gol. Se o Oscar faz aquele gol de cabeça, faz 3 a 3, a coisa talvez mudasse de figura. Ia obrigar a Itália a sair para o jogo e nosso time faria gol.

Ainda olho o teipe daquele jogo, sem problema. É circunstância. No terceiro gol, a bola vem de escanteio, a gente tira, o cara bate para dentro do gol, sobra para o Rossi. Numa jogada dessas, normalmente sai todo mundo da área. O Júnior ficou, outro ficou e deu oportunidade para Rossi fazer o terceiro gol, de virada.

Tenho várias lembranças boas da minha carreira. Muito mais acertos, vitórias, conquistas. Carreira também se faz com partidas e decisões perdidas. Agora, dói muito ver uma Seleção como aquela não ser campeã do mundo. Para mim, seria um fecho de ouro ganhar aquele título."

Leandro

Por que perdemos, Leandro?

"Curto e grosso, eu acho que perdemos pelos nossos erros. Hoje a gente fala em falha coletiva, não cita nomes por ética. Mas, num jogo, às vezes a gente dá chances para o adversário, quatro, cinco vezes. E ele aproveita uma, ou não aproveita nenhuma. Naquele dia demos três chances e eles aproveitaram as três. Fomos castigados pelos nossos erros. Não tem outra explicação. Foi um partidaço, jogamos bem, eles jogaram muito bem também. Foi isso. Não adianta dizer que poderíamos ter segurado o resultado. Como a gente vai colocar um time daqueles para trás, com dois laterais como eu e o Júnior, com Cerezo, Falcão, Zico, Sócrates e Éder? Como mandar esses caras jogarem para trás? Não tem como. Todos tinham qualidade ofensiva, vinham jogando assim. Não se pode mudar um sistema tático, abafar a qualidade dos jogadores.

Estávamos jogando um futebol maravilhoso, encantando o mundo, todos estavam de acordo. Perdemos um jogo que não tinha como recuperar. Se fosse um campeonato longo, seríamos campeões, sem dúvida. Aí começaram a questionar que futebol-arte não dava resultado; era bonito mas não ganhava. Hoje a Espanha está fazendo o que fazíamos há 30 anos. O Barcelona está fazendo e todos estão adorando. Guardiola deve ter visto a nossa seleção jogar. Não é coincidência.

O triste de 82 é que uma geração inteira de jogadores, e não só do Brasil, acabou. Não se pode fazer futebol-arte sem jogador de qualidade. Naquele momento, cada seleção tinha dois, três craques. Depois, a parte física começou a se sobressair.

Eu ainda olho o teipe daquele jogo. Vi muitas vezes e não perdi mais. No 2 a 2, eu desligo, não vejo mais. E sonho até hoje o que poderíamos ter feito para virar aquele jogo. Ainda lembro do Juninho, zagueiro, no outro dia, quando a turma estava acordando. Ele deu um grito: 'Me belisca que tô sonhando, não aconteceu isso não'.

Mas o que a gente vai fazer? Nem sempre o melhor ganha. Porém, a lembrança daquele time de categoria sobrevive para comprovar que o futebol é uma arte."

Oscar

Por que perdemos, Oscar?

"Eu acho que perdemos porque jogamos muito ofensivamente. O empate era do Brasil; foi um erro de cálculo. Claro que estou falando isso 30 anos depois. Na cabeça dos brasileiros, empatar com a Itália não era bom resultado; era vergonha. A gente queria ganhar. Então, em momento algum entramos para empatar. Jogamos sempre para vencer; esquecemos o regulamento.

Lembro até que você, Falcão, comentou com o Telê que o Conti dissera que eles já estavam com as malas prontas para voltar. Mas se armaram para jogar no contra-ataque contra a gente. O Brasil tomou um gol, partiu para cima. Mas ficamos à mercê do relógio. Tinha pouco tempo para a reação. Até tentamos, fizemos alguma coisa, mas começou aquele negócio de cada um querer resolver por si próprio, e esquecemos a tática.

Não vi nada de absurdo nos comentários depois do jogo. Tudo o que falaram é para se pensar. Perdemos porque os laterais eram muito ofensivos? Não é crítica; foi o que aconteceu. Se tivéssemos jogado pelo resultado, teríamos passado.

Depois daquele jogo, criou-se a imagem no futebol mundial de que somente jogar bonito não adianta. Tem que jogar feio e ganhar. Este mal a derrota do Brasil causou. Agora, felizmente, com a trajetória do Barcelona, as pessoas estão acreditando que dá para jogar bonito e ganhar título. O próprio treinador do Barcelona, guardadas as proporções, comparou seu time com a nossa Seleção. Acho que somos lembrados pela forma como jogamos, pela campanha nos amistosos e nas eliminatórias, pelo time que tínhamos, pela intimidade do torcedor com o jogador, tudo diferente de hoje. Por isso aquela seleção é lembrada.

Nunca mais vi o vídeo daquele jogo. Não gosto de ver. Tenho no meu escritório alguma fotos, mas não me interessei em ver o teipe novamente. Nosso time era querido e respeitado pelo torcedor. Ninguém foi hostilizado no Brasil, mesmo com a derrota. Ninguém nos xingou. E, 30 anos depois, ainda se comemora aquela Seleção. Nunca vi comemorar uma derrota. Mas a Seleção de 82 é lembrada. Foi um prazer jogar naquele time, com aquelas feras todas."

Luisinho

Por que perdemos, Luisinho?
"Perdemos por falta de humildade. Tivemos duas chances de estar classificados: empatamos 1 a 1 e 2 a 2. Mas queríamos ganhar o jogo. Pensávamos só em ganhar. Poderíamos nos defender.

Aquela derrota causou efeito negativo para o Brasil. Veio a era Parreira, de jogar só pelo resultado. Esquecemos de jogar futebol. E o mundo seguiu a Itália, com futebol mais defensivo, de jogar só no contra-ataque.

Ainda assim, nosso time foi mais lembrado do que o vencedor. Em todo lugar que a gente vai, até fora do Brasil, as pessoas lembram aquela Seleção. Mas isso já passou, já acabou. Não tem volta. Por isso, não me importo de olhar o teipe daquela partida. Sei que jogamos futebol-arte, o que hoje está difícil. Foi uma era de grandes jogadores no Brasil. Não tinha apenas 10 ou 20. Todo time, naquela época, tinha um craque. Havia vários craques, vários jogadores de inteligência. Foi assim que formamos aquela Seleção inesquecível."

Júnior

Por que perdemos, Leo?

"Na verdade não existe uma resposta. Nós nos preparamos para valer, tanto no aspecto futebol, como no físico, tático e emocional. Basta lembrar que aquela equipe colocou cinco jogadores na seleção dos 100 anos da Fifa. Não tenho dúvidas de que a nossa derrota foi um retrocesso para o futebol mundial, pois o vencedor é que passa a ser imitado.

Mas eu acho que não existe uma resposta. Todo mundo procura diagnosticar a derrota por meio da busca de culpados. Naturalmente, não vão encontrar. Tínhamos plena consciência do que nós iríamos encontrar naquele jogo, porque tínhamos visto ao vivo a Itália contra a Argentina. E vimos um time totalmente modificado naquele dia. Era completamente diferente daquele que tínhamos visto jogar na primeira fase. E obteve uma vitória acima do normal num jogo contra a Argentina, que era campeã do mundo. Mudara sobretudo no plano tático. Jogadores que até aquele momento não vinham jogando o que poderiam, como Cabrini, Tardelli e Antonioni, sobressaíram-se. Especialmente a parte defensiva, onde estavam os jogadores que tinham segurado a onda na primeira fase. Vimos a atuação de Gentile em cima de Maradona. Do meio para frente, Graziani e Bruno Conti, que tinham tido atuações apagadas, melhoraram. Sabíamos que íamos encontrar um adversário difícil. Perdemos muito mais por erros individuais nossos do que por outra coisa. Erros que não tínhamos cometido até aquele momento. Nem mesmo no jogo contra a Argentina nós tivemos erros individuais, que, pela qualidade de quem estava envolvido, era difícil de acontecer. E os italianos conseguiram aproveitar esses erros e transformar em gols. Oito anos depois, ganhamos da Itália, mas não considero que aquele amistoso tivesse conotação de revanche. Zero. O jogo que a gente tinha que ganhar, não ganhou. O jogo de Pescara foi uma festa, para a qual a gente ia trazer uma seleção europeia. Mas, diante da dificuldade, surgiu a ideia de levar a Seleção Italiana de 82. Eu tinha uma relação forte com jogadores do Torino, com o Bruno, que jogava na Roma, todos éramos amigos. O placar do jogo foi o que menos interessou. Para mim não aliviou nada. Eu agradeço ter participado da festa com o estádio completamente lotado. Quem poderia achar que era revanche? Não era jogo de verdade. Jogadores que já tinham parado foram ali por minha causa. Não estavam pensando em Brasil x Itália. Se tivessem colocado outra camisa, iam ali do mesmo jeito. Se aconteceu um placar daqueles ali, foi porque foi. Eu também gostei. Imagina na minha festa de despedida ter outro Brasil x Itália!

Não ganhamos quando tínhamos que ganhar, mas nem por isso deixamos de ser valorizados. Só fui para a Itália porque fiz uma Copa do Mundo maravilhosa. Eu não tenho amargura daquela Copa. Se alguém tem, que fique com ela. Não posso ter mágoa, rancor. Contam muito mais as voltas olímpicas que dei com o Flamengo e todos os jogos que venci. Se fosse passar a minha vida pensando no jogo do Sarriá, não teria ganho tantas coisas que ganhei até terminar minha carreira com 38 anos."

Cerezo

Por que perdemos, Toninho?

"Todos esses anos eu tenho procurado um motivo, uma palavra bonita ou um termo diferente para justificar aquela derrota. Mas, depois de tantos anos, a minha conclusão é uma só: quando a bola rola, você não sabe o que vai acontecer.

Nosso time tinha uma característica, que era jogar em função do gol adversário. Todos éramos muito técnicos, todos muito velozes; a bola chegava rápido na área adversária. Foi um time feito para ganhar. Infelizmente foi uma competição curta. Se fosse uma competição longa, a gente teria saído com o título.

A Itália era um time de ponta no futebol. Acho que o efeito daquele resultado foi uma grande tristeza, pelo futebol que o Brasil jogava, futebol bonito, sem trombada, sem dividida, de toque de bola. Acho que foi um pecado realmente, mas, como vivi anos e anos dentro do futebol, vi também outras equipes ou seleções que jogavam muito bem e não conseguiram conquistar o título. Acho que isso faz parte do mundo da bola.

O futebol perdeu um certo encanto porque a Itália tinha uma mentalidade um pouco além. Basta ver o Parreira: pelo que conheci dele, se espelhava no setor defensivo da Alemanha. E fez certo porque ganhou. Mas a característica do futebol brasileiro sempre foi o futebol-arte, o futebol diferenciado, e aquela seleção de 82 lançou uma outra filosofia de jogo, uma outra velocidade de jogo até.

Em todos os lugares por onde andei desde então, do Japão aos Emirados, não só como jogador, mas também como treinador, sou conhecido devido àquela seleção. Foi mesmo uma seleção especial. Você tinha dois laterais que pareciam dois pontas, Leandro e Júnior. Você tinha Luisinho com uma técnica que poderia jogar de atacante. Tinha Oscar, que era um zagueiro completo. Tinha eu, Falcão, Zico, Sócrates. Jogadores que, não só naquele jogo, mas durante toda a nossa vida, fizemos história. Na frente, Serginho, que era um artilheiro do futebol brasileiro. Éder, que botava a bola onde queria, driblava bem. E ainda faltou Careca, que se machucou faltando uma semana. E um treinador com mentalidade de jogar para ganhar.

Não podemos falar a palavra 'nunca', porque estamos aqui de passagem. Mas, sem dúvida, foi uma safra boa. Tanto que o que tem de atual hoje em dia, a equipe da Espanha, joga um futebol-arte, de toque de bola, de mudança de direção, jogadores técnicos. Naquela época, a gente já tinha essa mobilidade e essa facilidade de conduzir a bola da defesa para o ataque com velocidade.

Para mim que sou do mundo da bola, é difícil falar, fazer comparações, pois a gente tem que analisar setores. O que eu posso dizer com tranquilidade é que, naquele período, todos os brasileiros eram realmente craques, de alto nível técnico.

Agora já consigo ver o teipe daquele jogo. Mas durante muito tempo não olhei. Só depois de uns cinco anos é que fui olhar. O Brasil jogou muita bola, não deixou de jogar, não recuou em nenhum momento. Olho e vejo isso. Muitas vezes nós, que vivemos o dia a dia da bola, jogamos quarta e domingo, aí a gente para, olha para trás, e vê tudo o que fez, vê que a derrota faz parte. Por isso, olho com felicidade e satisfação, pois a Seleção era tudo de bom. Naquela época já tínhamos um futebol diferenciado. Muitos de nós ganhamos e perdemos outras finais; isso faz parte do mundo da bola."

Zico

Por que perdemos, Galinho?

"Eu acho que perdemos porque a Itália foi melhor, soube aproveitar bem nossos erros. Talvez tenha sido o dia em que erramos mais individual e coletivamente. A Itália, sabendo da forma como o Brasil jogava, que procurava o gol, procurava a vitória, procurava jogar futebol, procurou jogar em função de uma possibilidade de a gente errar mais do que o normal. Foi o que acabou acontecendo. Três anos jogando naquela Seleção, foi a única vez que sofremos três gols.

Acho também que, na Seleção Italiana, deve ter sido a primeira vez que o Paolo Rossi fez três gols. Até aquele momento, não tinha feito nenhum gol na Copa do Mundo. Foi um dia anormal para o Brasil, e a Itália soube aproveitar bem isso. Nosso time procurava sempre o gol; naquele jogo mesmo teve oportunidades, mas coletivamente a gente deu mais espaço do que normalmente dava. E a Itália se aproveitou bem.

Já ouvi muitas teorias para explicar a derrota. A mais absurda foi dizer que tinha que botar o Batista para poder segurar o jogo. Ele não estava nem no banco. Tinha se machucado contra a Argentina. Até esta questão de que o Brasil tinha que jogar defensivamente cai por terra, porque, no momento em que levamos o gol, de um escantcio, os 10 jogadores brasileiros estavam dentro da área ou perto dela. Tinha que acontecer. Telê até fez uma substituição, colocando o Paulo Isidoro para fechar mais o meio, adiantando o Sócrates. Já tínhamos jogado dessa forma algumas vezes e nem assim a gente conseguiu.

Então, acho que na hora de uma derrota o pessoal fica procurando chifre em cabeça de cachorro, pelo em casca de ovo. O futebol perdeu o encanto com a nossa derrota. Eu sempre disse isso, que normalmente o futebol copiado é o futebol campeão. Não que a Itália tivesse maus jogadores. Pelo contrário, só tinha jogadores de muita qualidade, mas vinha jogando um futebol feio até aquele momento, tanto que passou da primeira fase sem ganhar de ninguém. Então ficou aquela coisa, de não deixar jogar, de parar jogada, de fazer falta, pois isso era o futebol vencedor.

É lógico que a gente sabe que vinha jogando bem. Já tive a oportunidade de viajar pelo mundo inteiro, e as pessoas falam daquela seleção com muito carinho. Mas o que marca é o título; isso é o que fica para sempre. A nossa seleção ficou na história, como a Hungria de 54, brasileiro, reproduzo aqui o que ele escreveu no seu diário para a *Revista Placar*, naquele 5 de julho de 1982:

"Cheguei ao estádio confiante. Tinha na cabeça uma coisa óbvia: nosso time era o melhor do mundo. Pela manhã, em conversas na concentração, esta era a tônica. Enfrentaríamos um time retrancado, que jogava no contra-ataque, e que seria um jogo duro pelo que a Itália mostrara contra os argentinos. Sabia da determinação deles, porque assim é o futebol.

Saímos da Copa apesar de sermos o time que melhor jogou. Estou profundamente triste, sem forças para explicar nada, para escrever. Saí do estádio direto para o ônibus. Vi o Fagner no corredor, dei um abraço nele, fiquei comovido e entrei no ônibus. Agora, nesta última página do meu diário da Copa, deixo apenas dois momentos que vivo: a frustração intensa, talvez a maior da minha vida, por não conquistar o título que eu, no íntimo, alimentava tanto. E também a frustração de não ter mais uma semana de trabalho neste diário, que eu queria que terminasse com a seguinte frase: 'Obrigado, torcida. Somos campeões'."

Sócrates foi mais do que um campeão: foi um homem digno e um companheiro inesquecível.

O Magrão me deixou de recordação esta foto autografada.

Serginho

Por que perdemos, Chulapa?
"Na minha opinião, faltou um pouco de inteligência. O empate era nosso. Pelo time que a gente tinha, faltou jogar um pouquinho mais feio do que a gente vinha jogando. O empate e a vitória eram nossos. Tenta-

mos vencer, e não conseguimos. Aconteceu uma fatalidade, apesar de a Itália ter um excepcional time na oportunidade. Não vinham bem, mas jogavam muito. Futebol é um jogo de erros, mas errar do jeito que erramos, todo mundo, não um ou dois, teve consequência. Pagamos por isso.

Nosso time podia ter sido mais defensivo, um pouco mais inteligente. Contra um time excepcional daqueles, a gente podia ter jogado um pouquinho mais atrás. Pagamos pelo que a gente fez.

A Seleção vinha encantando o mundo, não apenas o Brasil. Vínhamos de vitória espetacular sobre a Argentina. Em 94 o Brasil ganhou de 1 a 0, empatou aqui e ali, e foi campeão mundial. Mas em 82, com excepcionais jogadores, não ganhamos.

Onde a gente vai, ainda hoje, todos falam: como é que perderam? Como é que pode? Isso é um reconhecimento.

Só havia feras naquele time. Eu me encaixei entre eles. Não tinha as características dos outros. Não que eu não fosse bom jogador; era bom jogador, mas os outros eram todos excelentes. Sócrates, você, Falcão, Zico, Leandro na lateral direita, Oscar. Foi a melhor geração depois da Copa de 70.

O que passou, passou. Nem sempre o melhor vence. Vejo com normalidade. Futebol é assim. O melhor é ter na lembrança aqueles momentos maravilhosos que passamos lá."

ÉDER

Por que perdemos, Éder?

"Aquilo foi um aborto da natureza. Acontece de cem em cem anos. Foi uma pena, mas o futebol é empolgante porque tem esse tipo de coisa. Demos um vacilo e a Itália se aproveitou. Muita gente falou: se o Brasil jogar mais dez vezes contra a Itália, vai ganhar. Mentira. Aquele era o dia da Itália. E o time da Itália era bom, tanto que foi adiante.

Não que a gente tenha jogado mal contra a Itália, só que nós não soubemos aproveitar as chances que tivemos. E a Itália, nas poucas chances que teve, fez os gols. Quando tomamos o terceiro, não tinha mais como reagir. Não faltou humildade. Querer que a gente jogasse recuado era um absurdo, pois jogávamos para frente. Ninguém tinha posição fixa. Eu jogava na ponta, mas às vezes estava na lateral, às vezes estava no meio, mais à frente. Tínhamos três do Flamengo, três do Atlético, acho que três do São Paulo também, todos jogavam juntos. Acho que a gente jogava melhor por causa desse entrosamento. Éramos amigos. A gente tinha um meio-campo maravilhoso, que sabia jogar.

Se a gente tivesse vencido, a história do futebol teria sido outra, o futebol teria ficado mais bonito. Não seria o futebol rude que se vê agora, com muita marcação. Os próprios jornais da Itália disseram que a Copa tinha acabado ali, porque o futebol-*show*, o futebol-arte, estava deixando a Copa do Mundo. Aquele time jogava solto, tranquilo. Não tinha jogadores que driblavam muito. Tinham habilidade, mas era só um ou dois toques na bola. Telê era um treinador que não gostava de jogar atrás; queria toque de bola, jogo bonito. Ele não apenas pedia para a gente fazer as coisas; demonstrava como a gente tinha que fazer. Não é como hoje; muitos treinadores exigem dos jogadores, mas não sabem como eles devem fazer. Nós éramos um conjunto. Havia muitas estrelas naquele conjunto, mas elas jogavam em função do todo. Foi uma pena. Nunca tive a curiosidade de parar para ver o vídeo daquele jogo. Vi uma vez, num programa do SporTV, e já estava no segundo tempo. Nós jogamos muito naquele jogo também. A gente fica triste por não ter conseguido transformar aquele futebol bonito em alegria para o torcedor brasileiro."

Paulo Isidoro

Por que perdemos, Paulinho?
"Acho que nós até respeitamos demais a Itália. Sabíamos que tínhamos um time melhor. Mas foi um jogo atípico. Podíamos ter mudado o esquema para garantir o resultado, mas nossa equipe era tão boa que

não sabia jogar defensivamente. A característica era ofensiva. Nem consigo explicar por que perdemos aquele jogo. Se jogássemos mais nove vezes, íamos ganhar as nove. Num jogo de Copa um jogador fazer três gols seguidos, como Rossi fez, é uma raridade. As coisas que aconteceram não foram normais. Eu entrei faltando uns 10 minutos. Achei que ia entrar antes, devido a minhas características de ser ao mesmo tempo ofensivo e defensivo. Achei que ia entrar no intervalo. Eu dava mais liberdade para Zico, para você, Falcão, e para o Sócrates.

Foi ruim para o futebol mundial. Ficou a impressão de que o futebol-arte, o futebol bonito, jogado com elegância, não ganhava título. Que o futebol bonito não era objetivo. Que tinha que ser mais na base da força. Isso repercutiu negativamente. Hoje ainda estamos lembrando os 30 anos daquela derrota, que ninguém aceitou até hoje. Vamos demorar uns 30 anos para conseguir outro grupo de jogadores. Como aconteceu com aquela Seleção maravilhosa de 70. O Brasil tem muitos talentos, mas aquela foi uma das melhores safras. Não se vai achar igual àquela por mais 30 anos. Já se passaram e não conseguimos formar uma Seleção igual àquela, com aquela capacidade técnica e de pegada. Eu era um reserva, mas não me considerava reserva. A gente ficava orgulhoso de estar ali, pois estava dentro da maior Seleção. Só saí do time para a volta de um jogador da posição que estava suspenso, o Cerezo. Como vai deixar um Falcão e um Cerezo de fora?

Não gosto de olhar o teipe daquele jogo. Eu não me conformo de ter perdido daquela maneira. Prefiro não olhar mais. O jogo contra a Itália também foi maravilhoso. Mas, pelo resultado, não dá para assistir. Não me conformo até hoje."

Os 22 convocados

O técnico Telê Santana convocou os seguintes jogadores para o 12.º Campeonato Mundial de Futebol:

Número	Nome	Posição	Clube
1	Waldir Peres	Goleiro	São Paulo
2	Leandro	Lateral-direito	Flamengo
3	Oscar	Zagueiro	São Paulo
4	Luisinho	Zagueiro	Atlético Mineiro
5	Toninho Cerezo	Volante	Atlético Mineiro
6	Júnior	Lateral-esquerdo	Flamengo
7	Paulo Isidoro	Atacante	Grêmio
8	Sócrates	Meia	Corinthians
9	Serginho Chulapa	Atacante	São Paulo
10	Zico	Meia	Flamengo
11	Éder	Atacante	Atlético Mineiro
12	Paulo Sérgio	Goleiro	Botafogo
13	Edevaldo	Lateral-direito	Internacional
14	Juninho	Zagueiro	Ponte Preta
15	Falcão	Volante	Roma
16	Edinho	Zagueiro	Fluminense
17	Pedrinho	Lateral-esquerdo	Vasco da Gama
18	Batista	Meia	Grêmio
19	Renato	Meia	São Paulo
20	Roberto Dinamite	Atacante	Vasco da Gama
21	Dirceu	Atacante	Atlético de Madrid
22	Carlos	Goleiro	Ponte Preta

Quem é quem

1) WALDIR PERES DE ARRUDA nasceu no dia 2 de janeiro de 1951, em Garça (SP). Clubes: Garça, Ponte Preta e São Paulo. Copas: 1974, 1978 e 1982.

2) JOSÉ LEANDRO DE SOUZA FERREIRA nasceu no dia 17 de março de 1959, em Cabo Frio (RJ). Clube: Flamengo. Copa: 1982.

3) JOSÉ OSCAR BERNARDI nasceu em 20 de junho de 1954, em Monte Sião (MG). Clubes: Ponte Preta, New York Cosmos, São Paulo e Nissan Motors. Copas: 1978, 1982 e 1986.

4) LUIZ CARLOS FERREIRA nasceu em Nova Lima (MG) em 22 de outubro de 1958. Clubes: Vila Nova, Atlético MG, Sporting de Portugal e Cruzeiro. Copa: 1982.

5) ANTÔNIO CARLOS CEREZO nasceu em Belo Horizonte (MG) em 21 de abril de 1955. Clubes: Atlético MG, Nacional de Manaus, Roma (I), Sampdoria (I), São Paulo, Cruzeiro e Lousano Paulista. Copas: 1978 e 1982.

6) LEOVEGILDO LINS DA GAMA JÚNIOR nasceu em João Pessoa (PB) em 29 de junho de 1954. Clubes: Flamengo, Torino (I), Pescara (I). Copas: 1982 e 1986.

7) PAULO ISIDORO DE JESUS nasceu em Matozinhos (MG) em 3 de agosto de 1953. Clubes: Atlético MG, Nacional AM, Grêmio, Santos, 15 de Jaú, Guarani, Cruzeiro, Inter SP, Valério, Ji Paraná e Planaltina. Copa: 1982.

8) SÓCRATES BRASILEIRO SAMPAIO DE SOUZA VIEIRA DE OLIVEIRA nasceu em Belém (PA) em 19 de fevereiro de 1954 e faleceu em São Paulo em 4 de dezembro de 2011. Clubes: Botafogo (SP), Corinthians, Fiorentina (I), Flamengo e Santos. Copas: 1982 e 1986.

9) SÉRGIO BERNARDINO nasceu em São Paulo, em 23 de dezembro de 1953. Clubes: Marília, São Paulo, Santos, Corinthians, Marítimo (P), Mokawloon Al-Arab, Portuguesa Santista, São Caetano e Atlético Sorocaba. Copa: 1982.

10) ARTHUR ANTUNES COIMBRA nasceu no Rio de Janeiro em 3 de março de 1953. Clubes: Flamengo, Udinese (I) e Kashima Antlers (J). Copas: 1978, 1982 e 1986.

11) ÉDER ALEIXO DE ASSIS nasceu em Vespasiano (MG) em 25 de maio de 1957. Clubes: América MG, Grêmio, Atlético MG, Inter de Limeira, Palmeiras, Santos, Sport Recife, Botafogo, Atlético PR, Cerro Porteño (P), Fenerbahçe (T), União São João, Cruzeiro, Gama e Montes Claros. Copa: 1982.

12) PAULO SÉRGIO DE OLIVEIRA LIMA nasceu no Rio de Janeiro em 24 de julho de 1954. Clubes: Fluminense, CSA, Volta Redonda, Americano, Botafogo, Goiás, América RJ e Vasco. Copa: 1982.

13) EDEVALDO DE FREITAS nasceu em Campos dos Goytacases (RJ) em 28 de janeiro de 1958. Clubes: Fluminense, Internacional, Vasco, Porto (P), Botafogo SP, Náutico, Vila Nova, América, Pouso Alegre, Castelo, Portuguesa, Izabelense, Muniz Freire, Barra, Mesquita e Jacarepaguá. Copa: 1982.

14) ALCIDES FONSECA JÚNIOR nasceu em Olímpia (SP) em 29 de agosto de 1958. Clubes: Ponte Preta, Corinthians, Juventus, Vasco, Cruzeiro, 15 de Piracicaba, Atlético PR, São José SP, Nacional SP, Olímpia SP e Yomiuri (J). Copa: 1982.

15) PAULO ROBERTO FALCÃO nasceu em Abelardo Luz (SC) em 16 de outubro de 1953. Clubes: Internacional, Roma (I) e São Paulo. Copas: 1982 e 1986.

16) EDINO NAZARETH FILHO nasceu no Rio de Janeiro em 5 de junho de 1955. Clubes: Fluminense, Botafogo, Marítimo (P), Fla-

mengo, Vitória, Portuguesa, Grêmio, Goiás, Bahia, Brasiliense, Atlético PR, Sport Recife, Boa Vista RJ, Joinville e Americana. Copas: 1978, 1982 e 1986.

17) PEDRO LUIZ VICENÇOTE nasceu em Santo André (SP) em 22 de outubro de 1957. Clubes: Palmeiras, Vasco, Catania (I) e Bangu. Copa: 1982.

18) JOÃO BATISTA DA SILVA nasceu em Porto Alegre em 8 de março de 1955. Clubes: Internacional, Grêmio, Palmeiras, Lazio (I), Avellino (I), Belenenses (P) e Avaí. Copa: 1982.

19) CARLOS RENATO FREDERICO nasceu em Morumgaba (SP) em 21 de fevereiro de 1957. Clubes: Guarani, São Paulo, Botafogo, Atlético MG, Yokohama (J), Kashiwa Reysol (J), Ponte Preta e Taubaté. Copa: 1982.

20) CARLOS ROBERTO DE OLIVEIRA nasceu em Duque de Caxias (RJ) em 13 de abril de 1954. Clubes: Vasco da Gama, Barcelona (E), Portuguesa e Campo Grande. Copas: 1978 e 1982.

21) DIRCEU JOSÉ GUIMARÃES nasceu em Curitiba em 15 de junho de 1952 e morreu no Rio de Janeiro em 15 de setembro de 1995. Clubes: Coritiba, Botafogo, Fluminense, Vasco, Atlético de Madri (E), Verona (I), Ascoli (I), Napoli (I), Como (I), Avellino (I), Maiami Sharks (EUA) e Bangu. Copas: 1974, 1978 e 1982.

22) CARLOS ROBERTO GALLO nasceu em Vinhedo (SP) em 4 de março de 1956. Clubes: Ponte Preta, Corinthians, Yeni Malatyaspor (T), Atlético MG, Guarani, Palmeiras e Portuguesa. Copas: 1978, 1982 e 1986.

Demais integrantes da delegação

Chefe
Giulite Coutinho

Diretor de futebol
Medrado Dias

Assessor
Tarso Herédia

Administrador
Ferreira Duro

Técnico
Telê Santana

Auxiliares
Vavá
Paulo César da Costa

Preparadores físicos
Gilberto Tim
Moracy Santana

Preparador de goleiros
Valdir de Moraes

Médicos
Ricardo Vivácqua
Neilor Lasmar

Massagista
Abílio José da Silva (Nocaute Jack)

Roupeiros
Nílton de Almeida

Cozinheiro
Mário Rocha

Assessoria de imprensa
Solange Bibas
Robério Vieira

HISTÓRIAS QUE A BOLA NÃO CONTOU

Um brasileiro vitorioso

Arnaldo Cezar Coelho ganhou a Copa que o Brasil perdeu.

Sua vitória foi ter sido escolhido para apitar a final, entre Itália e Alemanha, no Estádio Santiago Bernabeu, em Madri.

A escolha de Arnaldo foi cercada de curiosidades. Deixo que ele mesmo conte:

"Nós, os árbitros selecionados pela Fifa, nos reuníamos todos os dias no Centro de Treinamentos do Real Madrid, para exercícios e palestras. Alguns juízes mais chegados, como Antônio Garrido, de Portugal; Abraham Klein, de Israel; e Károly Palotay, da Hungria, viviam me bajulando e falando bem da Seleção Brasileira. Talvez pensassem que eu poderia, de alguma maneira, influenciar junto à CBF e a João Havelange para que um deles apitasse a final. Como o Brasil vinha ganhando todas, ninguém sequer cogitava de um árbitro brasileiro na decisão.

Nem eu. Tanto que na semana anterior pedi permissão a Havelange para convidar minha mulher, que estava no Brasil, a fim de que assistíssemos juntos à final da Copa, onde certamente estaria a Seleção Brasileira.

Cheguei mesmo a comprar dois ingressos e duas bandeiras. No dia do jogo entre Brasil e Itália, ela estava se preparando para viajar. Vi o jogo sozinho, pela televisão, no quarto 502 do Hotel San Martín, onde os árbitros estavam hospedados. Fiquei desesperado com a derrota. Minha primeira providência foi ligar para cancelar a viagem dela. Como já estava ficando fora da escala nas quartas de final, tinha parado de treinar. No dia seguinte à derrota, voltei a fazer exercícios com os demais árbitros. O Garrido foi o primeiro a me gozar: "Ué, voltou?". Na quinta-feira, às 10 horas da manhã, recebi um telefonema do Secretário do Comitê de Arbitragem da Fifa, dizendo que eu fora escolhido para apitar a final. Fiquei enlouquecido. Ainda eufórico, liguei para o jornalista Sérgio Noronha, que era meu amigo de janta e praia.

Nem percebi que quem atendeu foi o Galvão Bueno, que dividia o quarto com ele. Gritei: "Sou eu! Sou eu!". O Galvão não entendeu nada.

Só depois é que liguei para o meu irmão, em São Paulo, convidando-o para ir a Madrid com o Armando Marques, que era meu ídolo, para os dois assistirem à final. Armando não quis: disse que eu ficaria nervoso se ele estivesse presente. Meu irmão Ronaldo Cezar Coelho pegou o avião e viu a final, com a bandeira brasileira e uma cadeira vazia ao lado. Repetiu o que já fizera na minha estreia como árbitro, em 1968, no Parque Antártica, num Palmeiras x São Bento.

Foi um apoio afetivo importante para o jogo da minha vida.

O curioso é que depois da minha escolha o israelense Abraham Klein veio brincar comigo, dizendo que, se desse empate, haveria um segundo jogo e outro árbitro seria escalado para a finalíssima. Respondi de pronto:

– Não vou deixar dar empate, não!

Realmente não deu, mas o mérito foi da Itália."

IV – COMANDANTES

Mestre Telê

Para alguns, ele foi o maior treinador brasileiro de todos os tempos. Para outros, foi um pé-frio porque perdeu duas Copas. Para os torcedores do Fluminense, foi o inesquecível Fio de Esperança. Para atleticanos, gremistas e são-paulinos, foi um histórico vencedor. Para a Seleção Brasileira, foi o inspirador de uma ideia de qualidade técnica, toques de primeira, ultrapassagens e futebol ofensivo.

Para mim, foi uma referência profissional.

Telê Santana era um chato, um obstinado pela perfeição, um defensor intransigente do jogo bonito. Sua opção pelos melhores ficou evidente quando convidou Gilberto Tim para trabalhar com ele. Tim fora seu adversário no futebol gaúcho. Telê treinou o Grêmio e Tim era o preparador físico do Inter. Mas ele passou por cima disso e optou pela competência.

Também na formação do time observou esse critério. Eu estava no exterior, praticamente não participei da preparação para a Copa. Mas ele me chamou e me colocou na equipe. Na estreia de Telê pela Seleção, contra a seleção olímpica, no Maracanã, ele me deu a faixa de capitão. Depois, como passei muito tempo fora, essa distinção ficou com o Sócrates. Mas Telê me tratou com tanta consideração em 82 que, ao final da participação brasileira, quando nos despedimos, ele me entregou um cartão com a seguinte dedicatória: "Obrigado. Confirmou tudo: bola e caráter."

E se despediu com um abraço.

Visão de jogo:
"No dia em que nós quisermos entrar em campo para dar pontapé, para jogar com violência, nós vamos perder tudo, porque o futebol brasileiro é de outra origem; nós sabemos jogar e muito bem. Nós temos habilidade e técnica."

TELÊ SANTANA DA SILVA (26/07/1931 – 21/04/2006)
Nascimento: Itabirito (MG).
Jogador: Itabirense, América de São João Del Rey, Botafogo, Fluminense, Guarani, Madureira e Vasco.
Treinador: Fluminense, Atlético Mineiro, Botafogo, Grêmio, Palmeiras, Seleção Brasileira, Al-Ahly, Seleção Brasileira, Atlético Mineiro, Flamengo, Palmeiras e São Paulo.
Principais títulos: Bicampeão mundial interclubes e bicampeão da Libertadores pelo São Paulo, bicampeão brasileiro (Atlético, 1971, e São Paulo, 1991), campeão mineiro, carioca, gaúcho e paulista.

> **HISTÓRIAS QUE A BOLA NÃO CONTOU**

A PIOR NOITE DE TELÊ

Ninguém dormiu na noite de 5 para 6 de julho na concentração do Hotel Mas Badó, casa da Seleção Brasileira em Barcelona. Eu passei a noite na janela da sacada do meu apartamento, olhando para a escuridão e para as luzes distantes. Sempre tive curiosidade em saber como foi a noite de Telê Santana depois daquela eliminação inesperada para a Itália. Agora, 30 anos depois, já sem Telê entre nós, perguntei para seu filho Renê se ele sabia como seu pai tinha passado as horas seguintes à derrota do Estádio Sarriá. Renê, que na ocasião tinha 26 anos e acompanhou o pai na Copa, deu o seguinte depoimento:

"Lembro-me de cada detalhe daquele dia. Lembro a coletiva à imprensa após o jogo, quando meu pai foi aplaudido por todos que estavam presentes. Talvez alguém esperasse que fosse dar alguma desculpa, mas ele simplesmente reconheceu a Itália como merecedora da vitória porque jogara bem. Telê foi aplaudido de pé na chegada e na saída. Aquilo foi muito emocionante. Acho que foi inédito para um técnico de Seleção. Lamento não ter guardado um vídeo daquele momento.

Na volta para o hotel, eu fui de carro, mas ele fez questão de ir no ônibus com os jogadores. Encontramo-nos no Mas Badó, e senti que ele estava um pouco sem norte. Só se manteve firme e lúcido porque tinha a preocupação de confortar os demais. Ele procurou consolar principalmente os jogadores; ele sabia que iriam sentir muito, como o Sócrates, que encheu a cara depois do jogo. Outros também pareciam desesperados. Então, ele tratou de confortar vários deles, e isso o ajudou a não esmorecer naquele momento.

Assim que todos foram para os quartos, ele também se recolheu. Mas não conseguiu dormir.

Não fiquei com ele, mas me contou no dia seguinte que estava cansado. Todos estavam. Só dormiram os que tomaram remédio. Meu pai não era de tomar remédio. Preferiu ficar acordado.

Voltamos juntos para o Brasil. O ambiente no avião era carregado de tristeza; vários integrantes da delegação beberam muito. O Gata Mansa (que era assessor de imprensa), muito bêbado, não parava de dizer que o Brasil precisava ter pelo menos uns três Telês para sair da merda em que se encontrava. Até quem não bebia bebeu naquele dia.

A gente foi direto para casa. Passamos um tempo na fazenda da minha irmã, no Salto da Divisa, no norte de Minas, onde tínhamos a certeza de que não haveria qualquer tipo de assédio. Foi lá que ele recebeu a visita dos árabes. Ainda durante a Copa, no Mas Badó, havia um árabe querendo falar com ele para contratá-lo. Na ocasião, ele rechaçou qualquer conversa. Queria se concentrar unicamente na Seleção. Então o árabe pediu para encontrá-lo no Rio, mas ele deu bolo e foi direto para a fazenda da minha irmã, a Fazenda Santana, no Vale do Jequitinhonha, num casarão típico de senzala, cercado apenas dos peões e do povo que mora em volta.

A ida para a Arábia Saudita foi uma espécie de exílio. Ele já tinha indicado vários brasileiros para trabalhar e jogar lá, mas nunca quis ir. Com a derrota na Copa, e a boa proposta dos árabes, que ofereceram emprego para mim, para minha irmã, para meu cunhado, e mostraram um clube com boa infraestrutura, ele acabou cedendo. Ficamos de uma Copa à outra lá. Então, houve o movimento pela volta dele à Seleção.

Com o tempo, ele foi percebendo que aquela Seleção de 82 se tornara inesquecível. Além de jogar um futebol exuberante, de saber ganhar, também soube perder. Perdeu jogando bem e jogando limpo. Foi surpreendida pela Itália, é verdade. A Itália parecia dopada, não esse *doping* de droga, mas de estímulo. Quando viu o Brasil pela frente, correu como nunca tinha corrido, jogou muito e mereceu vencer.

Telê nunca mais viu o teipe daquele jogo. Talvez em algum momento, na frente da TV, até tenha assistido a algum lance. Mas nunca pegou o teipe para ver de novo. Acho que ele já vira intensamente no momento, percebendo cada detalhe, cada falha individual, mas nunca culpou ninguém. Muita gente tentou achar responsáveis; chegaram mesmo a dizer que o Brasil deveria ter ido para a defesa, mas esquecem que quando tomamos o terceiro gol a Seleção estava toda atrás. Defender não dá a certeza de segurar resultado; às vezes até atrai o adversário para cima.

Não houve salto-alto, não houve falha de sistema.

Telê também entendia assim. Ele sempre foi aberto a conversas em relação ao time, às características dos jogadores e mesmo ao esquema de jogo. Futebol era o assunto preferido dele. Mas gostava de falar com pessoas de conhecimento, que também entendessem da atividade.

Meu pai sentiu muito as duas derrotas, na Espanha e no México. Mas sentiu mais a de 82, pois sabia que tinha nas mãos um grande time, que todos esperavam ver campeão. Aquela equipe vinha encantando todo mundo, desde os amistosos preparatórios. E continuou brilhando na Copa. Não ganhou jogos de 1 a 0. Foram resultados expressivos, com futebol bonito e muitos gols espetaculares.

Ela representava bem a filosofia de jogo de Telê. A marca dele era fazer a bola rolar. Ele fazia o jogador crer que a bola tinha que ir de pé em pé. Jogar limpo sempre foi uma de suas bandeiras. Ele dizia: a gente está aqui para jogar bola, para tirar a bola do adversário, para dominar, passar e buscar o gol. Por isso ele treinava muito fundamentos. Em todos os times em que ele trabalhava, os jogadores chutavam com facilidade, cruzavam com facilidade, cabeceavam, davam sem-pulo, voleio. O que era isso? Resultado de muito fundamento. Ele era incansável nesse tipo de treino.

Basta lembrar como saíram os gols naquela Copa. Telê, como jogador, sempre foi um grande chutador. Como técnico, ele se preocupava em ensinar os jogadores a bater na bola. Não tinha um jogador sequer com falha nesse fundamento. Todos batiam muito bem. Nos times dele, todos sabiam chutar. Lembram o que o Josimar fez na Copa de 86? Pois era um jogador que reclamava de treinar demais. Na hora do jogo, compensou. Até as pernas dos jogadores que ele treinava ficavam mais preparadas para bater na bola.

Telê Santana conhecia a arte mágica de ensinar."

Irmão Tim

Ele acreditava, acima de qualquer coisa, no trabalho. Gilberto Tim era um louco da preparação física, nos melhores sentidos da palavra *loucura*: determinação, dedicação, obstinação, insistência, persistência. Ele sempre tirava um pouco mais dos atletas nos treinamentos, para que eles chegassem ao final dos jogos com sobra de energia.

Telê conheceu Tim como adversário, quando treinou o Grêmio, mas, a exemplo de Dino Sani, Ênio Andrade, Castilhos e Rubens Minelli, também se apaixonou pela competência do preparador físico que levou o Internacional aos seus três primeiros títulos brasileiros.

Tim chegou à Seleção de 82 com um currículo inquestionável, até mesmo por atletas de elite. E chegou impondo o seu jeito de trabalhar, exigindo sempre um pouco mais:

– Não dá mais? Então vamos na moral agora – costumava dizer sempre que um jogador mostrava esgotamento em algum exercício.

Era um motivador extraordinário. Na hora do trabalho físico, chegava a pegar pelo pescoço os mais renitentes, mas ia junto; acompanhava, dava o exemplo. Na hora da preleção, ajudava o treinador com provocações, desafios; sabia mexer com a autoestima do grupo. E era amigo de todos. Nos clubes por que passou, foi padrinho de casamento de vários jogadores. E muitos dos atletas que trabalharam com ele, ao se tornarem treinadores, o convidaram para trabalhar junto.

Para mim, tanto no Inter quanto na Seleção, foi um irmão.

Sintonia fina:
"Eu trabalho forte. Exijo muito. Mas tenho a compreensão do jogador. Fui boleiro e conheço as manhas da classe. Eles (os jogadores) sabem que é importante correr mais, ganhar mais jogos, mais títulos e mais dinheiro."

GILBERTO PASETTO (1/09/1941 – 13/06/1999)

Nascimento: Bento Gonçalves (RS).

Jogador: São José, Internacional, Renner, Cruzeiro, Metropol (SC), Colorado e Ferroviário (PR).

Preparador físico: Internacional, Coritiba, Grêmio, Palmeiras, Corinthians, Santos, São Paulo e Seleção Brasileira.

Principais títulos: tricampeão brasileiro (Internacional), campeão gaúcho (Inter e Grêmio), campeão paranaense (Coritiba), campeão paulista (Santos).

> **HISTÓRIAS QUE A BOLA NÃO CONTOU**

A maçã envenenada

Esta foi contada por Waldir Peres.

Ele lembra que os jogadores mineiros estavam sempre juntos e gostavam de brincar uns com os outros, especialmente Cerezo e Paulo Isidoro, que também foram companheiros no Atlético. Uma das atividades preferidas dos atletas era jogar cartas depois do jantar, comendo a sobremesa de frutas. Isidoro gostava de deixar sempre uma maçã ao lado. Cerezo esperava que ele se distraísse, chegava furtivamente e dava uma mordida na maçã. Todos se divertiam quando Isidoro procurava a fruta e a encontrava mexida.

Um dia ele armou a sua vingança.

Pediu emprestada uma seringa para o massagista Nocaute Jack, encheu-a com água, sal e pimenta. Injetou o preparado na maçã, colocou-a estrategicamente ao lado e iniciou sua participação na jogatina. Não deu outra: Cerezo chegou, agarrou a maçã e meteu o dente com vontade.

Saiu *cuspindo*, e a turma caiu na risada.

V – REVANCHE SEM REVANCHISMO

O Brasil deu o troco na Itália, mas era brincadeira. Foi em Pescara, oito anos depois do marcante episódio de Sarriá. Muitos de nós já tínhamos largado o futebol profissional, mas entramos em campo novamente para a repetição do confronto de Barcelona. Era a despedida de Júnior do Pescara, onde ele atuou por dois anos, depois de jogar outros três pelo Torino. Não teve a visibilidade de um jogo de Copa, mas foi um evento para Pescara. Júnior era muito querido lá, e o estádio lotou para ver o seu adeus naquele jogo-revanche entre a Seleção Italiana campeã de 82 e a Seleção Brasileira, que havia encantado o mundo naquela Copa.

Foi no dia 1.º de junho de 1990, e ganhamos por 9 a 1.

Isso mesmo, nove gols: dois do Serginho, dois do Roberto Dinamite, um do Zico, um do Dirceu, um do Júnior, um do Batista e um meu. Telê estava no nosso banco e Bearzot no italiano. Mas era um amistoso, uma brincadeira de amigos, pois muitos de nós atuamos na Itália depois da Copa e tínhamos os italianos como companheiros de clube.

Ainda assim, ficou aquele gostinho de vingança. O curioso é que também nesse dia festivo a Itália saiu na frente, com um gol de Bruno Conti, logo aos seis minutos, um minuto depois do tempo que Rossi levara para marcar o primeiro dos três de 82.

Só que dessa vez não deixamos a história se repetir.

Claro que não valia nada, mas a gente tinha o direito de dar um troco, não tinha?

O AMISTOSO

Para que ninguém pense que estou supervalorizando aquele jogo, quero colocá-lo na devida dimensão. Era amistoso, os dois times tinham desfalques, mais a Itália do que nós. Do time tricampeão mundial não jogaram Scirea, que faleceu em 1989, Zoff, Cabrini e Tardelli. Além disso, Paolo Rossi saiu aos 15 minutos, com uma lesão na coxa. O Brasil não contou com Oscar, Paulo Isidoro, Éder e Cerezo, que até esteve lá mas não jogou por estar lesionado.

O jogo foi realizado no estádio Adriático, em Pescara, e as duas equipes atuaram assim:

Itália – Galli (Bordon); Gentile, Collovati, Oriali e Mariel; Dosseña, Antognoni e Causio; Conti, Rossi (Graziani) e Altobelli. Técnico: Enzo Bearzot.

Brasil – Waldir Peres (Paulo Sérgio); Leandro (Edevaldo), Juninho, Luisinho e Pedrinho; Júnior, Falcão, Sócrates (Batista) e Zico (Renato); Roberto Dinamite (Serginho) e Dirceu. Técnico: Telê Santana.

Gols – Primeiro tempo: Conti (6min), Roberto Dinamite (17min e 26min) e Zico (36min). Segundo tempo: Dirceu (9min), Falcão (15min), Serginho (19min), Júnior (31min), Batista (32min) e Serginho (37min).

> **HISTÓRIAS QUE A BOLA NÃO CONTOU**

O homem de três pulmões

Paulo Isidoro era o modelo preferido de Gilberto Tim. Com fôlego inigualável e muita movimentação em campo, ele dava exemplo de aplicação, tanto nos treinamentos quanto nos jogos. Logo depois do aquecimento, quando se preparava para entrar em campo, ele gostava de ouvir o conselho sempre repetido de Tim:

– Usa um pulmão no primeiro tempo e deixa o outro descansando para o segundo, que ainda vai sobrar um para a prorrogação.

Embora tenha sido retirado do time depois do primeiro jogo, para dar lugar ao chamado quadrado mágico no meio-campo, Isidoro também era um modelo para o próprio Telê, que via a si próprio no jovem mineiro. Quando atuou pelo Fluminense, Telê era um falso ponta. Era um meia que fazia o chamado esqueminha de voltar quando o adversário tinha a bola, mas pelo lado esquerdo. Ele aproveitou o bom preparo físico de Isidoro para montar a mesma estratégia na Seleção, pelo lado direito.

– Correr era comigo mesmo. Quando eu entrava em campo, os outros jogadores do meio, que eram talentosos, podiam se preocupar apenas com o que sabiam fazer melhor – lembra Isidoro.

Aos 59 anos, no momento em que deu este depoimento, Isidoro ainda podia orgulhar seus comandantes da Seleção se eles estivessem vivos. Ele continuava jogando peladas com amigos e participando de jogos de *showbol* pelo país. E também corria junto com a garotada do Centro de Formação de Altetas Paulo Isidoro, que mantém em Belo Horizonte, sob o *slogan*: "Formando homens".

– Nós damos oportunidades para crianças de rua, entre 5 e 16 anos – explicou.

Outro motivo de orgulho para as pessoas íntegras que foram Telê e Tim.

VI – FORÇA COLETIVA

Fórmula rara

O time de 82 tinha 12 qualidades principais: persistência, habilidade, determinação, técnica, polivalência, visão de jogo, mobilidade, liderança, talento, posicionamento, potência e foco. Se a gente substituir cada um desses valores pela escalação, fica fácil de entender por que o conjunto funcionou tão bem: Waldir Peres era um persistente, Leandro esbanjava habilidade, Oscar tinha força e determinação, Júnior sempre foi múltiplo, eu sempre fui um curioso tático, Cerezo movimentava-se como ninguém, Sócrates comandava e dava exemplo, Zico criava e concluía, Serginho estava sempre na mira do gol e Éder carregava um canhão calibrado no pé esquerdo.

Telê se encarregava de manter a tropa focada nos seus objetivos.

Mas o maior diferencial daquele grupo, no meu entender, era a inteligência coletiva. É raro, no futebol, encontrar tantos jogadores com QI alto sem os vícios costumeiros dos virtuoses – a arrogância que desagrega, o individualismo que boicota, o estrelismo que trava o rendimento do conjunto.

Essa consciência de conjunto podia ser constatada no toque de primeira. Todos os jogadores tinham habilidade para dominar a bola, para fazer embaixadas, para driblar, para tentar a firula que bem entendessem. Mas raramente o faziam, a não ser quando realmente não havia alternativa. Não se via naquele time um jogador driblando quatro ou cinco adversários. A opção era o toque rápido, a ultrapassagem e a conclusão.

Dou um exemplo: ao abrir as pernas para deixar passar o passe de Paulo Isidoro para Éder, no segundo gol contra a União Soviética – considerado um dos mais bonitos daquela Copa –, eu não tentei brilhar, nem atrair a atenção do público. Simplesmente percebi que Éder estava melhor colocado para concluir, e fiz o chamado corta-luz.

Passes certos

Alguém já disse que a Seleção de 70 foi o time dos números 10: Pelé, Tostão, Jairzinho, Rivelino e até Gérson podiam muito bem vestir a camisa clássica do meia-atacante. Alguns deles jogavam mesmo com o número consagrado nos seus clubes de origem.

Pois a nossa Seleção de 82 podia ser caracterizada como o time dos meios-campos polivalentes. Leandro era lateral direito, mas tinha habilidade de jogador de meio-campo. Luisinho sabia sair jogando. Júnior chegou mesmo a atuar como jogador de armação, tanto no Torino quanto no Flamengo, na sua volta ao Brasil. Eu e Cerezo éramos volantes de chegar na frente. Sócrates e Zico podiam ser tudo no meio e também atacantes, como Serginho e Éder.

Dos zagueiros, apenas Oscar não tinha tanta facilidade para sair jogando, por isso simplificava. Nosso time tinha um esquema moderno, com quatro zagueiros, dois volantes, dois meias, um ponta-esquerda especialista e um centroavante de área. O espaço que sobrava na direita ora era ocupado pelo lateral, ora por um dos jogadores de meio-campo.

Na época, Telê foi criticado por não usar um ponta do lado direito. Jô Soares chegou a desenvolver um bordão na televisão: "Bota ponta, Telê". Na estreia do Brasil na Copa, Telê surpreendeu, tirando Paulo Isidoro e colocando Dirceu, que era canhoto, na ponta-direita. Depois, optou pelo quadrado no meio e não colocou mais ninguém fixo na direita.

Mesmo assim, o time tinha sempre três atacantes, pois Zico podia ser até mesmo centroavante. Aliás, tinha mais do que três, considerando-se que eu, Sócrates, Cerezo e até Júnior aparecemos na área várias vezes para concluir.

Mas aquele time tinha também outras qualidades que o diferenciavam. Uma delas era o acerto nos passes. Atualmente, as equipes erram demais este fundamento. Telê insistia muito conosco: "Só pode jogar bola quem sabe dominar e passar. Passe bem para receber bem."

Como todos tinham habilidade, quem desarmava o adversário já saía no contra-ataque. Não procurava um companheiro mais habilidoso para entregar a bola. Mas saía na base dos dois toques e da ultrapassagem. Esses eram os nossos fundamentos essenciais: passe certo, toques rápidos e para a frente, ultrapassagem e conclusão.

Também desarmávamos. Não tinha volantão naquele time, mas o meio campo sabia fechar os espaços e pressionar até que o adversário cometesse erros. A gente apertava para roubar a bola, fazia pressão, retomava e ia para a frente na base da qualidade. Como errávamos poucos passes, tínhamos mais posse de bola ao natural. A ultrapassagem era uma obsessão de Telê; a gente treinava muito esse tipo de movimentação. Tanto que vários gols saíram de jogadas de ultrapassagem.

Por fim, aquele era também um time de líderes. Oscar era capitão no São Paulo, eu fora capitão do Inter antes de ir para a Roma, Cerezo no Atlético, Zico no Flamengo, Sócrates no Corinthians e até Edinho, então reserva, era o capitão do Fluminense. E eram todos lideranças fortes, que nem sempre concordavam. Mas conseguimos juntar nossas posições e nossas visões para fortalecer o coletivo.

nalidade. Era um marcador técnico, tinha um jeito especial de roubar a bola, o tempo certo para dar o bote. Dificilmente era driblado. Não tinha grande velocidade, mas entendia o ponta. No grupo, manifestava-se pouco, mas sempre usava com propriedade o seu vozeirão.

Oscar também evidenciava sua origem do interior paulista, mas era mais sério do que Waldir Peres. Tinha liderança. Não ria muito, mas era firme nas suas opiniões, assim como na marcação em campo. Chegava junto, mas era leal: tirava o pé quando sentia que podia machucar alguém. Bom cabeceador, mesmo sem ser altão, empurrava o time para a frente sem falar muito. Era capitão no São Paulo, mas na Copa esse cargo ficou com o Sócrates. Ainda assim, manteve-se como um dos líderes do grupo.

Lembro de Luisinho como um homem quieto, extremamente dócil, que só se soltava entre os mineiros. O que ele tinha de quieto, Paulo Isidoro e Cerezo tinham de conversadores. Como jogador, Luisinho também esbanjava técnica. Não errava passe. Era outro que podia ser jogador de meio-campo. A bola saía fácil de seus pés. Destacava-se pelo toque preciso até mesmo nos jogos de futevôlei. Simplificando, eu diria que ele era preciso para falar e para jogar.

Júnior foi um dos grandes jogadores que o Brasil já teve. Tinha explosão, capacidade de apoio, competência para chutar a gol, sabia bater falta, driblava, era inteligente para jogar. Esse, sim, chegou a jogar como meio-campo ofensivo, tanto no Torino quanto na sua volta ao Flamengo. Além da grande contribuição em campo, marcou aquela Copa pela música *Voa Canarinho Voa*, que se transformou no nosso hino de todo dia. Ele puxava o samba, na ida e na volta dos treinos e jogos. Contribuiu muito para o bom ambiente da Seleção. Tive a felicidade, posteriormente, de trabalhar com ele na Globo.

Cerezo era o moleque do grupo. Apesar disso, era quietão. Gostava mesmo era de ver a sacanagem e rir, principalmente de Isidoro. E era muito benquisto pelo grupo; dava-se bem com todos. Em campo, era um jogadoraço. Tinha muita condição física: jogava com chuteiras de lona e cravos de borracha, para ficar mais leve. Corria tanto que estava sempre perto de quem tinha a bola. Nunca fugia do jogo; apresentava-se sempre. E dava dois toques, que era a característica daquela Seleção. Tinha a passada fácil. Não era um grande finalizador, mas também chegava na frente. Tive orgulho de indicá-lo para a Roma e de ter sido seu companheiro por mais de um ano lá.

Sócrates, que nós chamávamos sempre de Magrão, era um cara intuitivo; tinha a leitura do grupo. Possuía uma formação política diferenciada. Era um homem de esquerda e, também por isso, contava com muitos simpatizantes na imprensa. Também era valorizado por suas opiniões. Mas era muito querido pelo grupo; a gente podia conversar com ele sobre qualquer assunto. Era um líder, sabia falar e se posicionar. Costumava adequar o seu conhecimento e a sua cultura ao nível do interlocutor. E era sensível em relação aos amigos. Lembro que na Copa de 86, ao me perceber chateado por não estar no time, ele veio na minha direção, passou a mão na minha cabeça e não disse nada. Foi o suficiente para perceber sua solidariedade. Como jogador, era também muito inteligente. Tocava a bola de primeira; raramente driblava, como fez antes do gol de empate contra a União Soviética. Mesmo a jogada de calcanhar, sua marca registrada, não era firula. Pode parecer engraçado, mas ele usava o calcanhar para jogar para a frente.

Zico também não fazia firula. Era o cara da jogada inesperada, batia bem na bola, cabeceava bem demais, embora não fosse alto. Tinha facilidade para o drible curto e enxergava muito o jogo. Pifava o centroavante a toda hora. Boa gente, humilde, todos o adoravam, porque era um cara de grupo, muito positivo; ajudava sempre. Treinava muito, puxava a fila, participava das rodas de samba. Era um jogador extraordinário com a humildade de um jogador comum. Queria muito ganhar aquela Copa, como eu. Todos queriam, mas nós dois tínhamos alguns motivos a mais. Zico foi em 78, e voltou sem ser o Zico que todos esperavam. Eu fiquei fora. Então, víamos 82 como a nossa chance. É um dos companheiros de quem mais fiquei próximo. Quando ele foi para a Itália, jantamos juntos em Roma, e conversamos sobre nossas cirurgias de joelho. Sempre tive uma relação fantástica com Zico.

Serginho era meu companheiro de quarto na concentração. Sofreu demais naquela Copa. Passou um período sem fazer gol e isso é muito doloroso para um artilheiro. Ele foi mal influenciado: algumas pessoas disseram que ele não podia usar os braços, como costumava fazer, pois seria expulso devido ao rigor dos árbitros num Mundial. Então, ele tentou mudar sua característica. Sempre foi um jogador de usar muito o corpo, mas na Copa se retraiu. Perdeu o estilo agressivo que o caracterizava. Mas nunca deixou de ser um centroavante de qualidade na área, principalmente pelo poder de definição. Fora de campo, era gente fina, um cara alegre, divertido.

O mais quieto do grupo era Éder. Com seu jeito mineiro, costumava ficar fora da roda, olhando, tímido e desconfiado. Mas, isoladamente, era um bom companheiro, conversava bastante. Dentro de campo, nem precisava falar: botava a bola onde queria com a perna esquerda. Batia forte, batia colocado, batia com efeito e batia bem também com a bola em movimento. O pé direito não servia para nada, mas o esquerdo compensava.

Paulo Sérgio, goleiro reserva, também foi meu companheiro de quarto na concentração. Fala mansa, sotaque carioca, era uma excelente companhia. Treinava muito e era de fácil convivência com o grupo.

Carlão, o outro goleiro, era mais tímido. Grandão, caminhava engraçado e era motivo de brincadeiras do grupo, mas todos gostavam dele. Quando estávamos com roupas comuns, alguns torcedores o confundiam comigo, porque tínhamos o cabelo parecido. Tínhamos.

Edevaldo era um lateral de força, que sabia apoiar bem, muito participativo. Só não era titular porque o Leandro jogava muito. Edevaldo foi um dos primeiros a me abraçar quando fiz o gol contra a Itália.

Juninho era o mais brincalhão de todos; vivia para fazer sacanagem. Fazia brincadeiras engraçadas, mas fazia também algumas de que só ele ria. Às vezes, errava na dose. Como jogador, chegava junto, era bom zagueiro, mas tinha Oscar e Luisinho na frente dele.

Edinho também era um jogador fantástico: bom cabeceador, sabia sair jogando, arrancava com velocidade. Tinha liderança e acostumou-se a ser sempre titular. Não aceitava muito a reserva. Mas teve que se conformar.

Pedrinho, que era reserva de Júnior, também tinha condições de ser titular. Destacava-se no grupo por ser um articulador, de boa conversa. Tanto que se tornou um empresário de sucesso para negociar jogadores.

Titular em 78, Batista também deve ter sofrido com a reserva. Treinava forte, era um marcador espetacular. Na frente da área era imbatível. Os jogadores pegavam no pé dele: chamavam-no de Barnie, personagem dos Flinstones. Mas ele era bom de grupo também: jamais se irritou com isso.

O mais moleque da turma era Paulo Isidoro. Só agora, 30 anos depois, é que fiquei sabendo que ele estava triste por não jogar. Lá, em nenhum momento passava isso. Pelo contrário, fazia a gente rir o tempo todo. Contava histórias, caminhava de modo estranho; era muito engraçado. Quando os mineiros se juntavam, Cerezo morria de rir dele. Dentro de campo, era um dos que tinha melhor condicionamento físico. Telê sempre recorria a ele quando precisava mudar o jogo.

Renato era um meia-direita clássico; nunca fiquei sabendo por que era chamado de Pé Murcho. Mas era um bom meia. E um cara sério, profissional, muito observador e de bom nível intelectual.

O único que superava Isidoro no fôlego era Dirceu. Esse era o melhor preparo físico do grupo. Por isso era chamado de Motorzinho. Era experiente, tinha jogado bem em 78, batia bem na bola. Demonstrava inconformismo por não estar jogando, mas respeitava Telê e os companheiros. Dirceu fazia amizade com facilidade, zero de timidez.

O último jogador a chegar para o grupo foi Roberto Dinamite, que substituiu Careca. Chegou fora da sua melhor condição física, pois não participou da preparação. Também era quietão, mas muito firme nas suas opiniões.

Embora tenha convivido mais com os jogadores e com a comissão técnica, lembro com carinho cada integrante daquela delegação. Giulite Coutinho, então presidente da CBF, não era um homem do mundo do futebol, mas foi importante na derrota, pois teve uma conversa madura com o grupo, passando serenidade a todos. Medrado Dias é que cuidava mais do vestiário. Tinha liderança, ajudava a comissão técnica e defendia muito os jogadores. Ferreira Duro e Tarso Herédia cuidavam da burocracia, organizavam as viagens e também nos passavam tranquilidade. Vavá, sim, participava dos nossos trabalhos. Ele lembrava o seu tempo de centroavante e gostava de pegar a bola para mostrar como é que se deveria fazer. Moracy Santana era muito leal a Tim; era um preparador competente, que cuidou muito bem de Zico em 86. Outro que mostrava como se devia chutar era Valdir de Moraes. Poucos sabiam bater na bola como ele. A gente brincava que ele não podia ter sido bom goleiro, com um metro e meio. Ele retrucava: "Minha saída era perfeita". O doutor Neylor Lasmar dispensa comentários sobre sua competência profissional. Por isso a gente gostava de ironizar o fato de ele estar sempre bem-vestido. Já o outro médico, Ricardo Vivácqua, era muito engraçado: corria elevando o joelho na altura do peito. Os jogadores se divertiam muito com ele. Nocaute Jack, o massagista, gostava de lembrar seus tempos de lutador de *telecatch*. De vez em quando, a gente se juntava e tentava derrubá-lo, mas o primeiro que chegava já voava longe. Ele era muito forte. Nilton de Almeida, o Niltinho, era roupeiro; muito humilde, servil, tinha o maior respeito da bolerada, assim como o cozinheiro Mário Rocha; baixinho, gordinho, os caras adoravam o feijão que ele fazia. O jornalista da delegação era o Solange Bibas, um senhor grisalho, simpático, mas quem fazia o trabalho de assessoria de imprensa era o Robério Vieira, mais conhecido por Gata Mansa.

A CAMISETA DE 82

A camisa de 82: a primeira com a sigla CBF, que substituiu a CBD, e a taça Jules Rimet incorporada ao símbolo.

Drible na Fifa: a CBF colocou raminho de café do patrocinador IBC (Instituto Brasileiro do Café) no distintivo em 82.

mas com o rosto contraído, lábios apertados, segurando inutilmente as lágrimas que viriam. Não havia título, nem qualquer texto explicativo; apenas uma data com estilo de epitáfio: Barcelona, 5 de julho de 1982.

A história daquela capa já foi contada várias vezes, principalmente pelo então editor de Esportes do jornal na época, o mineiro Mário Marinho. Ele lembra que tinha o desafio de fazer uma capa diferente para o Caderno de Esportes, pois falar na eliminação trágica do Brasil seria o óbvio. Então, ao ampliar a foto enviada pelo fotógrafo Reginaldo Manente, não teve mais dúvidas: aquele choro infantil era a melhor expressão do acontecimento. Afinal, o Brasil inteiro tinha chorado junto.

Doze anos depois, o advogado carioca José Carlos Vilella Jr., o menino da foto, perdeu a oportunidade de virar o jogo. Copa dos Estados Unidos, novamente uma final entre Brasil e Itália. O pai dele, que também se chamava José Carlos Vilella e era advogado do Fluminense, além de amigo de João Havelange, abriu o apartamento para os jornalistas acompanharem com a família a decisão de 94. Todas as câmeras ficariam focadas em Vilella Jr. Só que, na hora do jogo, ele desapareceu. Quando Baggio errou o pênalti no estádio Rose Bowl, ele estava escondido na casa de um amigo, frustrando seu pai e todos os jornalistas que pretendiam registrar sua reação. Mais tarde, confessaria: "Fiquei com medo de virar novamente a cara da derrota e o símbolo de uma tristeza nacional".

IX – MINHA RESPOSTA

Se você leu com atenção este livro, percebeu que ainda não respondi, como meus demais companheiros, por que perdemos para a Itália. Deixei minha resposta para o final, porque nesses 30 anos minha visão foi se modificando.